한국 개신교 근본주의

배 덕 만

대장간문고 003
한국 개신교 근본주의

지은이 배덕만
초판발행 2010년 9월 8일
2쇄발행 2019년 9월 30일

펴낸이 배용하
책임편집 배용하

등록 제364-2008-000013호
펴낸 곳 도서출판 대장간
www.daejanggan.org
등록한 곳 충청남도 논산시 가야곡면 매죽헌로1176번길 8-54

분류 기독교 | 교회사
편집부 전화 (041) 742-1424
영업부 전화 (041) 742-1424 · 전송 0303 0959-1424
ISBN 978-89-7071-190-4 03230

이 책은 저작권법에 의해 보호를 받는 출판물입니다.
기록된 형태의 허락 없이는 무단 전재와 복제를 금합니다.

값 7,000원

차례

서론 5

1장 • 미국 개신교 근본주의

1. 미국 개신교 근본주의의 기원에 대한 해석들 15
2. 미국 개신교 근본주의 형성 과정 18
3. 미국 개신교 근본주의 부활과 분화 25

2장 • 한국 개신교 근본주의 형성과정

1. 미국 개신교 근본주의 전래: 1884–1930 31
2. 한국 개신교 근본주의화 과정: 1931–1950 36
3. 한국전쟁과 근본주의: 1950–1980 40

3장 • 한국 개신교 근본주의 특징

1. 신학적 근본주의 48
2. 윤리적 근본주의 73
3. 사회적 근본주의 103

결론 119

서론

그렇다면, 도대체 근본주의란 무엇인가? 이토록 한국교회의 중심을 장악한 근본주의의 실체는 무엇이며, 그것은 어떤 모습으로 현실에서 작동하고 있는가?

한국교회와 근본주의의 복잡한 역서와 현실을 조심스럽게 추적 해보자.

서론

2007년은 평양대부흥운동 100주년이 되던 해였다. 한국 개신교는 100년 전 평양에서 일어났던 영적 흥분과 각성의 재현을 통해 한국교회의 중흥을 꿈꾸었다. 교회마다 부흥을 위한 뜨거운 기도회가 연속적으로 진행되었고, 주일마다 목사들이 부흥을 열망하며 사자후를 토했다. 교단마다 그리고 한국교회 전체적으로, 대규모 부흥집회가 체육관과 경기장을 빌려 줄기차게 개최되었다. 수많은 사람이 행사장을 가득 채우며, 열렬히 부흥을 갈망했다. 그러나 2007년 한국 개신교에 찾아온 것은 성령의 부흥이 아닌, "개독교"라는 혹독한 비판과 모욕이었다. 사학법 반대투쟁을 주도하며 시청 앞에 몰려든 신자들과 삭발한 목사들, 봉사활동을 목적으로 아프가니스탄에 갔다가 인질이 된 샘물교회 신자들, 계약직 노동자들의 대량 해고로 사회적 비난의 대상이 된 대표적 기독교 기업 이랜드. 이런 일련의 사태가 매스컴을 장악하면서, 한국 개신교는 화려한 부활 대신 처참한 추락을 경험했다.

이런 혹독한 비판의 세례 속에서 한국 개신교의 치부가 속속들이 드러나기 시작했고, 이에 대한 심각한 진단과 반성이 교회 안팎에서 행해졌다. 그리고 이런 비판과 반성의 일차적 대상이 한국 개신교의 근본주의였다. 사실, 한국교회는 근본주의적 성향이 매우 강하다. 기독교 사회문제연구소의 조사를 따르면, '성경은 글자 하나하나가 하나님의 말씀이다'라고 믿는 목회자가 84.9%, 평신도는 92.3%에 달한다. 한국종교문화연구소의 장석만 연구원은 "한국교회의 70-80%는 근본주의 교회라고 봐야 한다"고 평가했다.[1] 지난 120여 년간 한국 개신교가 한국의 근대화 과정에서 행한 수많은 공적에도, 근본주의적 속성 및 잔재 때문에, 한국 사회와 문화에 건강하고 책임 있게 뿌리내리지 못했다는 지적이 계속 제기되어 왔다. 한국교회가 특정 이념의 맹목적 지지세력으로, 특정 세력의 배타적 추종자로 기능을 함으로써, 한국사회의 통합보다는 분열의 매체로, 진보적 개혁세력 대신 시대착오적 보수집단으로 역사발전에 역행해 왔다는 무서운 질책은 한

---

1) 윤동욱, "복음주의, 알고 보면 기득권주의?" 『한겨레21』 (2004년 12월 2일), 41.

국 개신교 근본주의에 대한 비판과 다르지 않다.

그렇다면, 도대체 근본주의란 무엇인가? 이토록 한국교회의 중심을 장악한 근본주의의 실체는 무엇이며, 그것은 어떤 모습으로 현실에서 작동하고 있는가? 사실, 근본주의는 학문적으로 명확히 정의하고, 그 역사를 간략히 정리할 수 없다. 지금도 근본주의는 다양하고 복잡한 환경에서 부단히 진화하기 때문이다. 따라서 근본주의에 대한 과거의 정의와 이해를 현재에 비판 없이 적용하는 것, 또한 미국 근본주의에 대한 연구성과를 한국상황에 배타적으로 적용하는 것은 불가능하고 심지어 위험하다. 이 점은 이 책을 집필하는 과정에서, 그리고 독자들이 글을 읽는 과정에서 깊이 유념할 부분이다. 따라서 필자는 근본주의에 대한 획일적인 정의를 내리지 않는다. 다만, 근본주의 이름으로 행해진 다양한 주제들을 자세히 검토하여, 한국교회에서 막강한 영향력을 행사하는 근본주의의 실체와 특징을 파악하고자 한다. 따라서 이 책은 한국 개신교 근본주의의 신학적·역사적 기원이 되는 미국 근본주의 역사를 먼저 고찰하고, 이런 개신교의 새로운 유형이 한국에 전달되어 정착해온 과정을 추적한다. 이어서 현재 드러나는 한국 개신교의 근본주의적 특징을 핵심적 논점들을 중심으로 관찰/분석한다. 끝으로, 이런 관찰과 분석을 토대로, 장차 한국교회가 극복해야 할 과제를 제시하며 글을 맺고자 한다.

이 작업은 처음부터 필자의 학문적 역량을 넘어서는 과제였다. 자칫 필자의 설익은 생각과 미흡한 연구 때문에, 한국교회의 소중한 전통이 부당하게 평가되고, 억울하게 비판받지 않을까 걱정이다. 하지만, 필자 또한 이 전통에서 성장했고 여전히 그 자리에 머물러 있다. 그러기에 이 책은 한국교회를 향한 외부인의 무책임한 비난이 아닌, 한국교회를 사랑하는 젊은 역사학도의 애정과 번민의 산물이다. 독자들은 이 점을 꼭 기억해 주길 바란다.

사실 이 책은 2008년 서강대학교 종교학과 주최 '한국에서 근본주의'란 제목의 학술발표회에서 읽었던 논문이 토대가 되었다. 그때 발표한 논문 "한국 개신교회와 근본주의"는 『한국종교연구』 제 10집 2008에 수수록되었으며, 이 논문에 현대 개신교의 근본주의적 상황을 보강해서 이 책을 완성했다. 이 자리를 빌어 한국 새신교 근본주의에 대한 고민의 장을 마련하고 의미있는 토론의 장에 초대해준 서강대학교 종교연구소 서명원 신부님께 감사드린다. 또한 부족한 논문을 읽고 단행본으로 발전시키도록 격려하고 뿐만 아니라 이렇게 멋진 책으로 다듬어준 대장간의 배용하 대표께도 깊은 감사를 드린다. 그럼, 이제부터 한국교회와 근본주의의 복잡한 역사와 현실을 조심스럽게 추적해 보자.

1장

미국 개신교 근본주의

근본주의는 역설로 가득 차 있다. 그것은 난폭한 논쟁주의와 영향력 있고 효과적으로 전도하기 위해 꼭 필요한 수용적 태도 사이에서 찢겨 있다.

흔히 그것은 타계적이고 사적이다. 그러나 그것은 또한 강력한 애국주의와 국가의 도덕적-정치적 복지에 대한 관심을 보유하고 있다.

근본주의는 개인주의적이지만 강력한 공동체들을 만들어 낸다. 근본주의는 어떤 의미에서는 반지성적이지만…

1. 미국 개신교 근본주의

1. 미국 개신교 근본주의의 기원에 대한 해석들

미국 개신교 근본주의의 기원을 설명하는 시각들은 다양하다. 서울신대 목창균 교수의 지적처럼, 최소한 근본주의의 기원을 설명하는 세 가지 학문적 입장들이 공존해 왔다.[2] 첫째는 사회학적 설명이다. 이 입장을 대표하는 학자는 리처드 니버H. Richard Niebuhr다. 그는 시대에 뒤떨어진 농촌문화의 산물로 근본주의를 규정했다. 근본주의란 미국사회가 남부 중심의 농촌사회에서 북부 중심의 산업사회로 존재론적 변환을 경험하고, 농업중심의 농촌문화에서 산업중심의 도시문화로 급격히 전환하는 과정에서 발생한 일종의 근대화 부작용이라는 것이다. 니버는 근본주의 출현이 "미국 농촌문화 대 도시문화의 충돌과 긴밀하게 연결되어 있다"고 지적하면

---

[2] 목창균, 『현대복음주의』 (서울: 황금부엉이, 2005), 130-32.

서, "근대과학과 산업문명의 영향력을 가장 적게 받은 지역"에서 가장 맹위를 떨쳤다고 결론을 내렸다.3)

두 번째 입장은 어네스트 샌딘Ernest Sandeen에 의해 주도된 신학적 해석이다. 샌딘은 근본주의 기원에 대한 사회학적 해석에 단호히 반대했다. 그의 관찰을 따르면, 사회학적 해석과 달리 근본주의 논쟁은 농촌이 아닌, 도시에서 주로 발생했고, 단순한 문화적 충돌의 부산물이 아닌, 복잡한 신학적 논쟁과 탐구의 산물이었다. 그는 종래의 전통적 신학의 기반을 위협하던 자유주의 신학에 대항하기 위해 출현한 세대주의적 전천년설과 프린스턴신학에 주목하면서, 근본주의운동의 기원을 천년왕국론의 관점에서 추적했다. 즉, 그 주장의 핵심은 "근본주의는 최소한 천년왕국론 역사의 한 측면으로 이해되어야 한다"는 것이다.4)

셋째는 조지 말스덴George Marsden이 주장한 소위 문화적 해석이다. 말스덴은 샌딘의 신학적 해석의 틀이 너무 협소하다

---

3) H. Richard Niebuhr, "Fundamentalism," *Encyclopedia of Social Sciences*, vol. VI (New York: 1937), 526-27.
4) Ernest Sandeen, *The Roots of Fundamentalism: British and American Millenarianism 1800-1930* (Chicago and London: The University of Chicago Press, 1970), xix.

고 비판하며, 근본주의 탄생을 이해하기 위해 프린스턴신학과 세대주의적 종말론 외에, 이 보수적 기독교 운동이 탄생할 수 있게 했던 당시의 문화적, 종교적, 지적 상황들을 폭넓게 고려해야 한다고 주장했다. 그가 말한 바로는, 19세기 말 근본주의의 출현에는 샌딘이 언급한 종말론과 프린스턴신학 외에, 경건주의, 부흥운동, 성결운동, 그리고 스코틀랜드 상식철학이 중요한 문화적 요인으로 작용했다는 것이다.[5]

한편, 이런 개별적 방법론에 근거한 획일적 해석에 반대해서, 종전의 연구결과 모두를 고려하며 근본주의를 보다 통전적으로 이해하려는 시도도 있다. 이 흐름의 대표자는 조엘 카펜터 Joel A. Carpenter다. 그의 판단에, 미국 근본주의의 기원과 정체는 단순한 근대화의 사회적 부작용이나, 천년왕국론의 결과물, 혹은 19세기 말 미국의 문화적 현상으로만 규정하기에는 너무 복잡하고 난해하다. 따라서 근본주의의 다양한 측면들, 즉 "분파적, 분리주의적 충동, 자신의 회원들에게 각인시키는 '분리된 삶'의 이상, 천년왕국적 세계관, 효과적 기

---

5) George M. Marsden, *Fundamentalism and American Culture: The Shaping of Twentieth Century Evangelicalism*, 1870-1925 (New York: Oxford University Press, 1980), 3-8.

구를 조직하고 일반 대중들과 의사소통 하는 재능, 복음주의적 기독교의 책임과 문화적 영향력을 회복하려는 열망" 모두를 검토해야 한다고 주장한다.[6]

이런 해석의 다양성은 근본주의의 기원과 정체성을 이해하는데 어려움을 안겨준다. 하지만, 해석자들의 상반된 입장에도, 이들 모두를 관통하는 최소한 한가지의 공통된 흐름은 지적할 수 있을 것 같다. 카펜터의 주장처럼, 근본주의는 근대라는 충격적 변화의 소용돌이 속에서 자신들의 옛 종교문화를 보존하려 했던 보수적 기독교인들의 저항운동이었기 때문이다. 따라서 "근본주의를 하나의 사회적 실제로 이해하는 중요한 방법은 급격한 사회적 변화에 직면해서 이런 예전 복음주의의 문화적 이상들을 보존하려던 그 운동의 지속적 노력을 검토하는 것이다."[7]

2. 미국 개신교 근본주의 형성 과정

미국 개신교 근본주의는 19세기 중반 미국에서 발생한 급

---

[6] Joel A. Carpenter, *Revive Us Again: The Reawakening of American Fundamentalism* (New York: Oxford University Press, 1997), 12.
[7] Ibid., 10.

격한 사회적, 문화적, 신학적 격변을 배경으로 형성되기 시작했다. 사실, 미국은 독립혁명 이후 100년간 전대미문의 발전을 경험했다. 국가의 영토가 북미 전체로 확장되었고, 이민의 증가로 인구가 급증했으며, 경제와 산업 면에서 경이적 성장을 이룩했다. 미국인들은 "미국의 꿈"American Dream과 "명백한 운명"Manifest Destiny 등의 신화를 꿈꾸며, 미국 땅에 하나님 나라가 도래할 것이라는 희망에 부풀어 있었다. 하지만, 19세기 중반에 진입하면서 미국인들의 낙관적 세계관에 암울한 그림자가 드리우기 시작했다. 그들에게 찾아온 것은 "언덕 위의 도성"City upon a Hill이 아닌, 전쟁, 계급갈등, 범죄, 기독교적 가치의 붕괴 등 수많은 사회적, 문화적, 종교적 난제들이었다. 남북전쟁의 결과, 북부가 주도권을 장악했으나, 남부는 철저히 해체되고 말았다. 북부 중심의 산업화/도시화가 급속히 추진되면서, 노사간의 계급갈등이 심화하였고, 도시 내의 범죄율이 급증했다. 전통적 가치들이 붕괴하면서 사회적 아노미 현상도 뚜렷해졌다. 한편, 유럽 이민자들의 급증은 오랫동안 보수적 백인 기독교인들이 추진해온 "기독교적 미국"Christian America 프로젝트에 심각한 타격을 입었다. 새로운 이민자들 대부분이 음주와 흡연을 즐기고, 미국의 보수적 기독교 윤리에 둔감한 이들이었기 때문이다.

이런 사회적·문화적 변화가 가져온 위기의식은 미국 교회에 도입된 새로운 신학적·과학적 조류들로 말미암아 가속도가 붙었다. 미국 개신교 내에 위기의식을 심화시킨 가장 큰 요인은 성서비평학을 중심으로 한 자유주의 신학이 미국 신학교와 교회강단 속으로 급속히 확산하기 시작한 것이다. 당시 세계 신학계를 주도하고 있던 독일에서 유학한 신진 학자들이 귀국하고 나서 미국의 저명한 신학교와 교회에서 자리를 잡고, 독일의 최신 신학 사조들을 소개하기 시작했다. 그들은 특히 성경에 대한 전통적 해석과 태도에 문제를 제기하며, 성서비평학의 확산에 역량을 집중했다. 이런 분위기는 1859년에 찰스 다윈의 『종의 기원』 *The Origin of Species*이 출간되면서 더욱 고조되었다. 성서비평학과 생물학적 진화론 모두 성경의 절대적 권위를 뒤흔드는 위협으로 간주하였다.

이런 사회적, 문화적, 신학적 변화는 미국의 그리스도인들 내에 미래에 대한 비관적 관념을 확산시키고, 자신들의 전통적 신앙을 보수해야 한다는 전투적 강박관념을 강화시켰다. 이런 상황에서 프린스턴 신학교는 스코틀랜드의 상식철학에 근거해서 "성서무오설" inerrancy을 교리상으로 완성하여,

진보진영의 성서비평학에 학문적으로 대항하려 했다. 동시에, 영국에서 건너온 존 달비John N. Darby는 미국과 캐나다를 수차례에 걸쳐 여행하면서 성경공부를 통해 자신의 세대주의적 전천년설을 미 대륙에 전파했다. 문자적 성서해석, 비관적 역사관, 기성교회에 대한 비판을 핵심으로 하는 달비의 종말론은 무디D. L. Moody라는 걸출한 스타를 설득시킴으로써 미국에서 확산할 수 있는 제도적 통로를 확보했다. 무디는 자신이 주도하던 부흥운동, 폭넓은 인맥, 그리고 풍부한 재정을 동원하여, 미국 복음주의 내에 성서무오설, 부흥운동, 그리고 묵시적 종말론이 연합전선을 형성하며 제도화될 수 있도록 지원했다.

근본주의의 제도적 발전을 가능하게 한 최초의 장치는 1875년에 시작된 '성서예언대회'였다. 이 대회는 1883년부터 1897년까지 캐나다 온타리오에 있는 나이아가라에서 개최되어, 흔히 '나이아가라 성서예언대회'로 알려져 왔다. 이 대회에는 당대의 저명한 보수적 기독교 학자 및 목회자들이 참석해서, "성경의 축자적 영감, 성령의 인격성, [그리스도의] 대속적 죽음, 제사장으로서 그리스도, 신자의 두 본성, 그리고 하늘로부터 우리 주님의 인격적이고 임박한 재림" 등을 강조했다.8) 성서예언대회 이후, 1910년부터 1915년까지 발행된 학술잡지 『근본적인 것들』*Fundamentals*이 근본주의 제도화에 주도적 역할을 담당했다. 여기에는 모건, 워필드, 토레이, 피어슨, 어드만 같은 보수적 복음주의 지도자들이 대거 참여하여, 성서예언대회에서 주장했던 교리들과 거의 같은 주제들에 대해 자신들의 입장을 서술했다. 이 책자는 로스앤젤레스의 평신도 사업가인 레이먼과 스튜어트의 지원으로, 300만 부 이상이 영어권의 그리스도인들에게 무료로 보급됨으로써, 근본주의 신학의 확산에 결정적인 역할을 했다. 이 외에도 근본주의는 '무디성서학원'과 '달라스신학교' 같은 50개 이상의 신학교육기관과 수많은 대중매체, 그리고 스코필드 관주 성경 같은 문헌들을 통해 자신들의 입장을 대중적으로 확산시킬 수 있었다.9)

이렇게 확산한 근본주의는 마침내 미국 주요교단들 내에서 공적 발언을 시작했다. 각 교단은 근본주의 대 근대주의 간의 첨예한 갈등에 휩싸였고, 교단분열의 고통스러운 터널

---

8) *Watchword* 19 (1897), 144. Sandeen, *The Roots of Funda-mentalism*, 133에서 재인용.
9) 목창균, 132-33.

을 통과하게 되었다. 마침내 근본주의 신학을 토대로 한 교단들이 탄생하게 된 것이다. 미국 북장로교회는 1910년 총회에서 근본주의자들의 영향력하에, "성경의 영감과 무오성, 그리스도의 동정녀 탄생, 그리스도의 대속적 죽음과 육체적 부활, 기적"으로 요약되는 5개조 교리를 신앙의 본질로 선언했다. 그러나 1924년 총회 직후, 이 교단의 진보적 그룹이 5개조 교리에 반대하는 '어번선언'the Auburn Affirmation에 서명함으로써, 장로교는 분열되기 시작했다. 이 갈등은 1929년에 프린스턴 내에서 근본주의를 주도하던 그래샴 메이첸J. Gresham Machen과 그를 따르던 교수들이 프린스턴을 떠나 웨스트민스터 신학교를 설립하고, 이후 정통장로교회를 설립함으로써 일단락했다.[10] 근본주의 논쟁에 의한 교단분열은 장로교뿐만 아니라 침례교회에서도 발생했다. '침례교성서연합' the Baptist Bible Union, '근본주의 침례교단' the General Association of Regular Baptist Churches, '미국침례교협회' the American Baptist Association, 그리고 '그레이스형제단' the Grace Brethren 등이 이런 갈등의 산

---

10) 장로교 분열과 그래샴 메이첸에 대해선 N. B. 스톤하우스, 『메이첸의 생애와 사상』, 홍치모 역 (서울: 그리심, 2003); George M. Marsden, *Understanding Fundamentalism and Evangelicalism* (Grand Rapids, MI.: Wm. B. Eerdmans, 1991), 182-201을 참조하시오.

물이다.[11)]

끝으로, 근본주의 형성과정에서 기억해야 할 것은 1925년에 벌어진 "스코프스 재판"이다. 이 재판은 당시 공립학교에서 창조론만을 가르치도록 법으로 규정되었던 테네시 주에서 존 스코프스John Scopes라는 생물교사가 진화론을 가르친 것 때문에 발생한 소송사건이다. 이 사건은 소수자의 인권을 대변하는 미국시민인권연합American Civil Liberties Union, ACLU이 스코프스를 지원하면서 세계적 재판으로 화제가 되었다. 이 재판에서 검찰 측 증인으로 저명한 민주당 상원의원 윌리엄 제닝스 브라이언William Jennings Bryan이, 스코프스의 변호인으로 클러렌스 데로우Clarence Darrow가 나서 치열한 논쟁을 벌였다. 지능적인 데로우의 유도신문에 넘어간 브라이언은 성경과 과학에 대한 자신의 무지를 드러냄으로써, 그가 대표한 근본주의 자체가 무지에 근거한 오만과 편견의 산물이라는 인식을 세상에 심어주고 말았다. 결국, 이 재판을 통해 근본주의는 전근대적 사고를 대표하는 치욕적 이름으로 추락했고, 미국 개신교의 중앙무대에서 근본주의자들이 종적을 감추게 되었

---

11) 목창균, 134-35.

다. 이런 수치스런 경험을 통해, 세상에 대한 근본주의자들의 부정적 인식은 더욱 심화하였고, 타락한 세상을 구원하는 대신 세상의 영향으로부터 자신들을 보호해야 한다는 분리주의적 강박관념이 그들의 정체성을 규정하게 하였다.[12]

3. 미국 개신교 근본주의 부활과 분화

1925년 이후, 세상의 관심에서 사라졌던 근본주의자들은 자신들의 교회로 돌아가서 목회와 전도에 전념했다. 그들이 다시 세상에 모습을 드러낸 것은 1940년대 초반이었다. 근본주의 2세대로 불릴 수 있는 이들은 지난 10여 년간 근본주의자라는 종교적 주변인으로 살면서, 그들의 부모 세대의 분리주의적·반지성적 성향에 대해 반성의 태도를 유지하며 성장했다. 풀러신학교를 설립한 헤롤드 오켕가 Harold J. Ockenga, 『크리스챠니티 투데이』 Christianity Today지 편집장을 지낸 칼 헨리 Carl F. H. Henry, 그리고 혜성같이 나타난 부흥사 빌리 그레이엄 Billy Graham이 바로 이 새로운 근본주의 세대를 대표한다. 그러나 그들의 적극적 태도는 더욱 전투적인 근본주의자

---

12) 류대영, 『미국종교사』 (서울: 청년사, 2007), 429-35.

들과 갈등을 일으켰고, 결국 "신복음주의자들"neo evangelicals 로 분류되어 근본주의와 결별하게 되었다. 칼 매킨타이어Carl McIntire와 밥 존스 1세Bob Johns, Sr.가 주도한 근본주의 그룹은 종전의 보수적 신앙에 반공주의와 백인우월주의를 결합하여, 더욱 전투적인 색채를 띠고 세상에 저항했다.13)

신복음주의와 결별하며 활동범위가 더욱 축소되었던 근본주의는 1970년대부터 다시 미국 기독교의 무대 중앙으로 복귀하기 시작했다. 베트남전쟁과 흑인민권운동으로 들끓었던 격동의 60년대에도 침묵과 무관심으로 일관하던 근본주의자들이 1973년에 낙태를 허용한 대법원의 판결Wade v.s. Roe 이후, 소위 기독교우파Christian Right 혹은 Religious Right란 이름 아래 강력한 정치세력으로 부상한 것이다. 이 예기치 못한 흐름을 주도했던 인물은 제리 폴웰Jerry Falwell과 팻 로버트슨Pat Robertson이다. 폴웰은 '도덕적 다수'Moral Majority란 정치로비단체를 만들어 1980년 미국 대선에서 로널드 레이건을 백악관 주인으로 만드는데 결정적인 역할을 했다. 로버트슨은 세계 최대의 기독교 방송국 CBNChristian Broadcasting Network과 기독교

---

13) 제2차 대전 이후 미국 개신교 근본주의의 복잡한 역사에 대해선 Joel Carpenter, *Revive Us Again*을 참조하시오.

우파의 대표적 정치단체인 '기독교연합'Christian Coalition의 설립자로서 1988년 대선에 직접 출마하기도 했다. 조지 부시 2세의 대통령 당선과 함께 근본주의는 강력한 정치세력으로 자신의 위치를 확고히 했고, 현재 미국 교회와 정치의 일차적 관심의 대상이 되고 있다.[14]

이처럼 지난 30여 년간 미국 개신교의 근본주의는 대단히 다양한 모습으로 분화되었으며, 그 내용도 이전 세대와는 많은 점에서 차이를 보이고 있다. 따라서 예전처럼 획일적인 시각과 잣대로 근본주의를 이해하는 것이 점점 어렵게 되었다. 이런 상황을 조지 말스덴은 다음과 같이 묘사한다.

> 근본주의는 역설로 가득 차 있다. 그것은 난폭한 논쟁주의와 영향력 있고 효과적으로 전도하기 위해 꼭 필요한 수용적 태도 사이에서 찢겨 있다. 흔히 그것은 타계적이고 사적이다. 그러나 그것은 또한 강력한 애국주의와 국가의 도덕적-정치적 복지에 대한 관심을 보유하고 있다. 근본주의는 개인주의적이지만 강력한 공동체들을 만들어 낸다. 근

---

14) 미국 기독교 우파에 대해선 배덕만, 『미국 기독교 우파의 정치활동』 (서울: 넷북스, 2007)을 참조하시오.

본주의는 어떤 의미에서는 반지성적이지만, 올바른 사고와 참된 교육을 강조한다. 근본주의는 주관the subjective에 대한 부흥사들의 호소를 강조하지만, 빈번히 인식론적 차원에서는 합리적이고 귀납적이다. 근본주의는 한 고대의 문헌에서 기원한 기독교이지만, 또한 기술문명의 시대에 형성된 기독교이다. 근본주의는 반反근대주의적이지만, 어떤 면에서는 대단히 근대적이다. 아마도 가장 아이러니한 것은, 근본주의가 명백하게 모순된 답을 너무 쉽게 제공하지만, 그것은 너무 복잡한 전통들이 혼합되어 있어서, 근본주의 옹호자뿐만 아니라 반대자들이 생각하는 것보다 훨씬 더 심각한 모호성과 역설로 가득 차 있다.[15]

---

15) George M. Marsden, *Understanding Fundamentalism and Evangelicalism*, 120-21.

2장

한국 개신교 근본주의 형성과정

한국 개신교는 군부독재 치하의 정교유착, WCC를 축으로 한 교단분열, 민중신학을 중심으로 한 진보신학의 출현, 종교다원주의 논쟁, 오순절운동 및 부흥운동 확산 등을 통해 자신의 근본주의적 특성을 강화시켜 갔다. 하지만, 그 어떤 것도 한국전쟁을 통해 강화된 반공주의적 특성만큼 한국 개신교의 근본주의에 영향을 끼친 것은 없을 것이다.

2. 한국 개신교 근본주의 형성과정

1. 미국 개신교 근본주의 전래: 1884-1930

한국 개신교는 미국 선교사들의 절대적 도움과 영향하에 형성되었다. 한국 개신교 내에 근본주의적 성향이 조성된 것도 이들 미국 선교사들의 강력한 영향하에 이루어진 것이다. 미국 선교사들을 통해 한국 개신교 내에 근본주의가 이식된 과정을 몇 가지 경로를 통해 확인할 수 있다.

먼저, 한국에 상륙한 최초의 두 미국 선교사였던 장로교의 언더우드와 감리교의 아펜젤러 모두 미국 근본주의 태동에 결정적 역할을 했던 무디의 영향을 받았던 사람들이다. 그들이 한국교회의 신앙적·신학적 토대를 놓았다는 점을 상기할 때, 그들을 통해 한국교회사 초기부터 이 땅의 교회에 근본주의 씨앗이 심어진 것이 틀림없다. 이런 상황을 이덕주 교수는 다음과 같이 정리했다.

첫 '복음 선교사'로 내한 한 아펜젤러H. G. Appenzeller와 언더우드H. G. Underwood를 비롯하여 초기 선교사들은 19세기 말 미국 교회의 '종교대각성운동'과 이와 연관된 '학생자원운동'에 영향을 받은 경우가 많았다. 특히 무디D. L. Moody의 '전천년주의 재림운동'과 그가 이끄는 국외선교운동에 영향을 받은 선교사가 많았다. 이들은 '성경중심적' 보수주의 신앙과 신학을 한국인들에게 주입하였고, 그 결과 성경은 한국 교회 안에서 절대적 권위를 차지하게 되었다.16)

둘째, 초기의 선교사 중 상당수가 무디에게 영향을 받았을 뿐만 아니라, 미국의 근본주의적 신학교에서 신학을 공부함으로써, 근본주의적 성향이 있게 되었다. 이만열 교수가 분석한 자료로는, 초창기 장로교와 감리교의 신학반(후에 평양신학교와 협성신학교로 각각 발전함)에서 가르친 교수들이 총 55명이었고, 그 가운데 한국인 교수 16명을 제외한 39명의 외국인 교수 중 33명이 미국인이었다. 장로교 선교사 중

---

16) 이덕주, "한국교회와 근본주의: 한국교회사적 입장," 『한국기독교사상』, 한국교회사학연구원 편 (서울: 연세대학교출판부, 1998), 24.

2. 한국 개신교 근본주의 형성과정

출신학교가 밝혀진 16명 가운데 7명이 프린스턴신학교 출신이었다. 당시 프린스턴신학교는 벤자민 워필드와 그래샴 메이첸의 영향하에 근본주의 신학의 요람으로 전성기를 누리던 때다.[17] 이런 상황에서 한국교회에 미국의 근본주의적 신학이 전수되고 깊이 뿌리를 내리게 되었음이 틀림없다. 이 정황을 이만열 교수는 이렇게 기록하고 있다.

> 이 같은 의미에서 한국 교회의 보수주의적 신학 및 신앙 형성은 이들 미국의 보수주의 신학교 출신 선교사와 이들에 영향받은 한국인 신학자들이 이루어냈다고 말할 수 있다. 이 같은 현상으로 한국 신학은 지나칠 정도로 미국 의존적인 경향을 띠게 되었고, 반면에 한국교회 자생력에 의한 신학 형성이 부진할 수밖에 없었던 원인을 여기서 찾아볼 수 있다.[18]

끝으로, 선교사들이 가져온 근본주의적 신앙 및 신학은 한국의 신학교육을 통해 초기 한국의 목회자들과 신자들에게

---

17) 이만열, 『한국기독교와 민족의식』 (서울: 지식산업사, 1991), 482-85.
18) Ibid., 486.

깊이 각인되었다. 1920년대 장로교와 감리교의 신학반 교과과정을 연구한 이만열 교수에 의하면, 두 학교 모두 1년 2학기, 3년 과정이었고, 성경, 조직신학, 실용(실천)신학, 교회사 등 네 부분으로 교과목이 편성되어 있었다. 이런 4개분과 중 두 학교 모두 성경과목이 압도적으로 많았다. 3년 동안 성경 66권을 한 번씩 읽고 공부하도록 교과과정을 만든 반면, 성서 원어나 현대적 의미의 성서신학은 전혀 강의하지 않은 것으로 보인다. 이것은 한국 목회자들에게 고등교육을 거부했던 네비우스 정책과 함께, 초기 한국교회의 신학교육이 기초적 수준, 혹은 근본주의적 차원에 한정되도록 하는 제도적 장치가 되었다. 다시 한번 이에 대한 이만열의 평가를 들어보자.

> 선교사들은 이처럼 신학교 및 신학교육을 장악함으로써 한국교회의 창조적인 신학 형성을 저해하였고, 그 결과 한국 기독교의 신학과 신앙은 그 형성 초기부터 선교사 의존적, 특히 선교사 대부분의 출신국인 미국 의존적인 성향이 있게 되었다. 한국교회는 해방 이후 최근까지도 자체의 성장에 비례하는 주체적인 신학을 갖지 못했다. 그리하여 기

존의 보수신학에 근거하여 창조적인 신학운동에의 모색을 폐쇄하였거나, 해방 후 일부 진보주의자들에 의해서 국외의 선진적인 신학을 수입 전달하는 것 등이 고작 한국 신학계의 풍토이었다. 그 이유의 하나는 한국 신학수립을 위한 학문적 바탕이 조성되지 않았기 때문이었고, 그 책임의 중요한 부분은 선교사의 신학교육정책에 돌아가야 한다.[19]

결국, 한국 개신교의 근본주의는 한국에 개신교를 선교한 미국 선교사들, 특별히 미국 개신교의 근본주의적 영향을 강하게 받았던 인물들에 의해, 개인적으로 혹은 신학교육을 통해 조직적으로 이식된 것으로 보인다. 당시 선교사들이 한국교회를 향해 갖고 있었던 거의 절대적인 권위와 영향력 때문에, 한국인들은 별다른 저항 없이 이런 흐름을 수용했고, 시간이 흐르면서 초창기 한국교회의 신앙적 정체성의 핵심을 구성한 것으로 판단된다.[20]

---

19) Ibid., 491. 북장로교 선교사들의 신학적 배경과 한국 장로교회의 초기 신학교육에 대해, 홍성수, "미국 북장로교 내한 선교사들의 신학교육 및 학교교육의 배경과 역사 고찰," (고신대학교 대학원 문학석사 학위논문, 2006)을 참조하시오.
20) 미국선교사들을 통해 한국교회에 근본주의 신학이 전래하였다는 전통적 주장에 대한 반론으로, 이승준, "한국개신교의 정체성 논의와 Evan-

2. 한국 개신교 근본주의화 과정: 1931-1950

근본주의적 성향의 선교사들에 의해 한국에 전달된 미국 개신교 근본주의는 한국에서 30년대를 지나면서, 한국교회 신앙의 요체로 내재화되기 시작했다. 이 근본주의의 내재화 과정은 대략 두 가지의 경로를 통해 이루어졌다. 먼저, 1930년대 동안 한국교회는 미국 기독교의 신앙교리를 거의 무비판적으로 번역하여, 한국교회에 적용하였다. 이런 과정을 통해 한국에 복음주의가 내재화되었음은 이론의 여지가 없어 보인다. 1930년대 한국의 대표적 교단들의 교리와 신조를 비교연구했던 이덕주 교수가 말한 바로는, 장로교는 성경의 권위에 대해, "新舊約聖經은 하나님의 말삼이니, 신앙과 본분

---

gelical America(II),『기독교사상』 477 (1998. 9): 109-31이 있다. 이승준의 주장은 한국교회와 근본주의 상관관계를 단선적으로 이해하던 기존의 입장보다 훨씬 더 정교한 분석을 제공하지만, 초기 선교사들의 신앙을 19세기 초반/중반의 복음주의와 동일시함으로써 근본주의와의 관계를 단절시키는 것은 또 다른 역사적 왜곡을 낳을 위험이 있다. 또한, 미국의 근본주의 패턴을 한국교회에 그대로 적용시키는 것은 그의 주장처럼, 분명히 문제가 있지만, 19세기 말에 형성되고 있던 미국의 근본주의 신학이 선교사들을 통해 한국교회에 직간접적으로 전달되어, 한국교회의 신앙적·신학적 정체성을 형성했다는 기존의 틀을 부정하기에는 그의 논지가 약해 보인다. 당시에는 아직 근본주의라는 용어 자체가 형성되지 않았지만, 신앙 및 신학의 핵심적인 측면에선 초기 한국교회의 모습과 미국 근본주의 간에 긴밀한 유사점이 보인다는 점을 부정하긴 어렵기 때문이다.

에 대하여 正確無誤한 유일의 법칙이니라"고 진술했고, 성결교는 "성경은 구원함에 필요한 모든 조건을 기록한 책이라. 그러므로 무엇이든지 성서에 기록되지 않고 혹은 성서에 증명되지 아니한 것은 마땅히 믿을 교리가 아니며 또한 구원함에 합당치 아니한 줄로 인정할지니라"고 천명했다.[21] 이 두 교단 모두 성경의 완전영감과 무오류를 주장했던 근본주의와 같은 입장에 서 있음을 확인할 수 있다. 이처럼 한국 교회의 초창기부터 미국 근본주의 신앙이 한국교회의 교리와 신앙고백으로 수용됨으로써, 이후 한국교회 내에는 근본주의적 요소가 강하게 작동하게 된 것이다.[22]

이런 법적 장치 외에 한국 개신교는 신학의 진보적 경향을 교단적 차원에서 강력히 억제함으로써, 스스로 근본주의의 길을 견고하게 다져갔다. 대표적인 사건이 1934년에 발생한 '여권문제사건'과 '창세기 모세 저작 부인사건' 그리고 '아빙돈 성경주석사건"이었다. 이들 중 '여권문제사건'만 간

---

21) 이덕주, "한국교회와 근본주의," 27.
22) 한국교회사에서 성서무오설과 관련된 논쟁의 역사에 대한 간략한 정보는 배정도, "성경의 영감과 무오에 관한 연구"(숭실대학교 기독교학대학원 석사학위논문, 2005)를, 근본주의와 한국침례교의 관계에 대해선, 윤원상, "미국의 근본주의 신학이 한국 침례교회에 미친 영향"(침례신학대학교 신학대학원 석사학위논문, 2005)을 참조하시오.

략히 살펴보자. 진보적 성향의 일본 관서학원 신학부를 졸업한 김춘배 목사는 장로교 함남노회 22개 교회 여성들이 여성 장로직을 허락해 달라는 청원서를 총회에 제출하자, 이를 지원하기 위해 1934년 8월, "장로교 총회에 올리는 말씀"이란 제목의 글을 『기독신보』에 기고했다. 그의 글 중에서 "여자는 조용하여라 여자는 가르치지 말라는 2천 년 전의 일─ 지방교회의 교훈과 풍습을 만고불변의 진리로 알고 그러는 것도 아닐 터인데요"라는 구절이 문제가 되었다. 이에 대해 장로교 총회는 연구위원을 임명하여 일 년간 조사하고 나서 보고케 했다. 연구위원들은 보고를 마친 후, "이렇게 성경을 경멸이 여기는 인물들은 성경을 하나님 말삼이요 신앙과 본분의 정확무오한 유일의 법칙으로 밋는 우리 장로교회에 교역자로 용납할 수 없나이다"라는 건의문을 제출했다. 결국, 김춘배 목사는 총회 전에 연구위원 앞으로 자신의 뜻을 해명하고, 문제가 된 부분에 대해 취소함으로써 제명은 피할 수 있었다.[23] 그러나 이런 과정을 통해 장로교 내에서 근본주의는 더욱 확고한 권위를 확보하게 되었고, 이후 한국교회의 지배

---

23) 한국기독교연구소, 『한국기독교의 역사』 vol. II (서울: 기독교문사, 1991), 155-56.

적 입장으로 널리 영향을 끼치며 뿌리를 내리게 되었다.

끝으로 주목할 부분은 한국 개신교의 신앙적 정체성의 한 흐름을 결정지은 부흥운동을 통해 근본주의적 성향이 대중화되었다는 사실이다. 대표적 예가 평양대부흥운동을 주도하며 한국 개신교의 대표적 지도자로 부상한 길선주 목사의 경우다. 그는 장로교 최초의 안수 받은 목사 중 하나요, 장로교의 대표적 교회 중 하나인 평양 장대현교회의 담임 목사요, 세상을 떠난 1935년까지 일생을 부흥사로 전국을 누빈 사람이다. 그는 성경연구에 몰두하여, 요한계시록을 일만 번, 요한일서를 500번씩 읽었다고 한다. 그는 성경을 통해 성경을 해석하는 방법을 사용했으며, 믿음을 지키려면 말세를 알아야 한다고 생각하여, 종말론 연구와 설교에 집중했다. 그 결과, 그의 부흥회는 계시록 강의로 유명했고, 『말세학』이란 종말론 연구서를 출판하기도 했다. 그는 이 책에서 말세의 징조들을 열거하면서, 이스라엘의 고난이 끝나는 때가 1974년이고, 2002년에 천년왕국이 지상에 시작될 것이라고 예언하기도 했다. 이처럼 성경에 대한 문자적 해석과 묵시적 종말론에 대한 절대적 신앙은 길선주 목사의 신학을 형성하는 토대가 되었으며, 그의 전국적 부흥회와 교단적 영향력을 통해 한국의 대중들에게 널리 유포될 수 있었다. 이런 측면에 주목한 유동식은 그의 저서 『한국신학의 광맥』에서 길선주의 사상적 유형을 "보수적 근본주의 사상"으로 규정하고, "그의 보수주의적 성서무오설과 말세론은 한국 근본주의 신학의 기초를 만들었다"고 결론을 내렸다.[24)]

3. 한국전쟁과 근본주의: 1950-1980

미국 선교사들에 의해 전수된 근본주의는 해방 후 한국전쟁을 거치면서 남한 기독교의 신앙적 정체성으로 더욱 확고히 뿌리를 내렸다. 한국전쟁 이전까지 한국의 근본주의는 주로 성서무오설과 세대주의적 전천년설을 중심으로 신학적 테두리 안에서 전개되었으나, 한국전쟁을 거치면서 '반공주의'란 냉전 이데올로기를 축으로 재구성되어 전투적이고 정치적인 색채를 띠게 되었다.

사실 한국 기독교는 1920년대부터 공산주의와 갈등관계를 형성해 왔다. 1925년에 조선공산당이 창설된 이후, 공산주의자들은 기독교를 조직적으로 공격하고 방해했다. 공산

---
24) 유동식, 『한국신학의 광맥』 (서울: 다산글방, 2000), 71.

·주의자들의 반기독교적 활동은 국내뿐만 아니라 한국인 이주자들이 집단적으로 이주하여 살던 만주지역에서도 빈번하게 발생했다. 공산주의와 기독교 간의 이 같은 갈등관계는 해방 후 북한이 소련에 의해 점령되고 김일성 정권이 들어서면서 더욱 심화하였다. 북한에서 공산주의에 동조하는 일부 목회자들이 공산정권에 적극적으로 협조했음에도, 공산주의 유물론적 사고와 반종교적 철학, 그리고 북한의 지주들에 대한 무상몰수 무상분배 원칙의 토지개혁은 북한의 대다수 기독교인과 극단적 대립 및 갈등을 가져왔다. 결국, 해방 전 한국 개신교 인구의 70-80%를 차지하던 서북(평안도와 황해도) 출신 개신교인들이 대거 남하하는 사태가 발생했다. 이런 불행한 경험은 남하한 북한 출신 개신교인들에게 공산주의에 대한 부정적 이미지를 갖게 했으며, 이런 뒤틀린 이미지는 한국전쟁을 치르면서 돌이킬 수 없는 현실이 되고 말았다. 이 과정에서 한국 개신교인들의 보수적 신앙은 반공주의라는 정치 이데올로기와 결합하여, 대단히 전투적이고 거의 맹목적인 신앙적·신학적 색채를 보유하게 되었다.

한국 개신교와 반공주의 간의 역사적 관계를 연구한 강인철 교수의 말에 의하면, 이런 개신교 근본주의자들의 반공주의는 특별히 한국전쟁 기간 중, "사탄론," "종말론적 성격," 그리고 "선민의식"과 결합하면서, "반공주의의 종교화" 과정을 거쳐 일종의 시민종교로 진화했다고 한다. 개신교인들은 공산주의자들을 "악마의 대행자," "설복될 수 없는 마귀"라고 규정하고, "마귀와의 타협을 강요"하지 말 것을 요구하며, "마귀의 승리를 가져올 휴전"에 강력히 저항했다.[25] 또한 개신교인들은 악마적 공산주의 세력과 대결하라는 특별한 시대적 사명을 하나님께서 한국에 부여하셨다고 믿으며, 자신들의 반공주의 신앙에 "선민의식"을 결합시켰다.[26] 그뿐만 아니라, 개신교 부흥사들과 개신교에서 파생한 신흥종교 지도자들은 한국을 "말세의 제사장국"으로 선포하고, 반공주의, 민족주의, 그리고 선민사상을 창조적으로 결합시켰다.[27] 이런 과정을 통해, 개신교 내에 반공주의가 깊이 뿌리내렸고, 동시에 교회의 벽을 넘어 '전숲 사회적 수준'에서 개신교가 한국사회의 탁월한 반공세력으로 입지를 굳혔다.[28]

---

25) 김흥수, 『한국전쟁과 기복신앙 확산연구』 (서울: 한국기독교역사연구소, 1999), 63-4, 73. 강인철, 『한국의 개신교와 반공주의』 (서울: 중심, 2007), 68-9에서 재인용.
26) 강인철, 72.
27) Ibid., 73.
28) Ibid., 74-5.

이 시기를 통과하며 한국 개신교는 군부독재 치하의 정교유착, WCC를 축으로 한 교단분열, 민중신학을 중심으로 한 진보신학의 출현, 종교다원주의 논쟁, 오순절운동 및 부흥운동 확산 등을 통해 자신의 근본주의적 특성을 강화시켜 갔다. 하지만, 그 어떤 것도 한국전쟁을 통해 강화된 반공주의적 특성만큼 한국 개신교의 근본주의에 영향을 끼친 것은 없을 것이다. 결국, 이 반공주의적 근본주의가 한국교회들이 신학 및 정치적 문제들을 바라보는 관점에 절대적인 영향을 미쳤고, 한국 개신교 내에 근본주의적 성향을 심화시키는데도 크게 이바지했다고 볼 수 있다.

3장
한국 개신교 근본주의 특징

미국의 대표적 근본주의자인 팻 로버트슨이 자국의 이익에 집착하여, 제3세계 원조를 강력히 비판하고, 미국의 사회복지제도를 공산주의 잔재로 부정하며, 미국 위주의 제국주의적 경제구조를 영구화하려던 독선적 모습이 한국교회 여기저기서 발견되는 것 같아 마음이 어둡다.

3. 한국 개신교 근본주의 특징
:1981-현재 [29]

 이 장은 1981년 이후 전개된 한국 개신교의 근본주의 현상을 신학적, 윤리적, 사회적 범주로 구분하여 관찰과 분석을 시도한다. 1980년대부터 한국사회는 본격적으로 근대화에 진입하기 시작했다. 경제적 고도성장은 한국교회의 급성장에 결정적 영향을 끼쳤고, 한국사회의 중심부에 안착하는데 도움을 주었다. 이런 상황에서, 한국교회는 급변하는 사회에 탄력적으로 적응해야 하는 어려운 문제와 씨름해야 했다. 이 과정에서, 대다수 한국교회는 근본주의적 성향을 강하게 노출하기 시작했다. 자기방어 및 전통수호를 목적으로 발생한

---

29) 한국교회와 근본주의의 관계에 대해 많은 연구가 진행되었다. 특히, 종교사회학자들이 광범위한 주제들을 자신의 고유한 관점에서 연구한 논문들이 다수 존재한다. 대표적으로, 이원규, "종교사회학적 관점에서 본 한국교회와 근본주의," 『종교연구』 28 (2002년 가을): 29-67; 김성건, "한국 개신교와 근본주의 문제(I), (II)," 『기독교사상』 353, 354 (1988. 5, 6) 등이 있다.

자연적인 현상이었지만, 이것은 동시에 한국교회가 분열과 갈등의 원인이 되는 부작용도 가져왔다. 이제, 그 기록들을 검토해보자.

1. 신학적 근본주의
(1) 성경과 근본주의

신학적 측면에서 한국 개신교 안에는 근본주의적 목소리가 여전히 강세를 보이고 있다. 이것은 대부분의 한국 개신교회가 성서영감론 및 성서무오설을 근거로 성서비평학에 대해 비판적 태도를 유지하고, 세대주의적 전천년설에 기초한 묵시적 종말론을 여전히 신봉하는 현실에서 분명히 드러난다. 그뿐만 아니라, 종교 간의 대화에 대해 부정적 입장을 견고히 유지하면서 타 종교들과 갈등관계를 유지하고 있으며, 창조과학을 중심으로 진화론에 대해 거의 맹목적으로 반대의 관점을 고수하는 점에서도 뚜렷이 드러난다. 먼저, 성서무오설과 묵시적 종말론을 축으로 전개되는 성경과 근본주의 관계를 살펴보자.[30]

---

30) 성서 영감설과 묵시적 종말론 외에, 종교다원주의에 대한 강한 거부감과 창조론에 근거한 진화론 반대도 한국 개신교의 신학적 근본주의의 중

현재에도 대다수의 한국 교회들은 성서무오설을 절대적으로 신봉하며, 성서비평학에 대해 비판적 태도를 견지하고 있다. 한국의 대표적 교단 중 하나인 대한예수교장로회총회(합동)는 교단총회 홈페이지의 "신앙의 뿌리" 코너에서 자신의 신학적 입장을 다음과 같이 천명하고 있다.

> 우리의 신학적 입장은 "수정되지 않은 칼빈주의"라는 표현이 적합할 것이다. 구 프린스턴 신학자들이 자신들의 신학적 정체성을 이야기할 때마다 자신들은 구 칼빈주의를 계승한다고 고백하였던 것처럼, 본 교단은 수정되지 않은 정통 칼빈주의를 교단의 신학적 입장임을 천명하고 있다. 이것은 성경의 절대적 권위를 존중하면서 웨스트민스터 신앙고백에 포함된 역사적 개혁주의 신앙고백을 계승하는 것을 의미한다.[31]

요한 특징이다. 한국 개신교 근본주의의 종교적 배타성에 대해서는 이원규, 『한국교회 어디로 가고 있나』 (서울: 대한기독교서회, 2000)의 제6장 "한국교회의 종교적 배타성"을, 진화론에 대한 비판적 태도에 대해서는 『복음과 상황』 제210호 (2008년 4월)에 실린 창조론과 진화론 간의 논쟁에 대한 4편의 글들을 참고하시오.

31) http://www.gapck.org/sub_01/sub06_01.asp(2008년 4월 6일 검색)

여기서 강조하는 "구칼빈주의"와 "구프린스턴신학"은 성서무오설을 교리상으로 완성하여 미국 근본주의의 신학적 토대를 제공한 19세기 중반의 프린스턴 신학을 말한다. 다시 말해, 예장(합동)은 적어도 성서의 영감과 권위 면에서 근본주의 전통에 서 있음을 공개적으로 선언한 것이다. 대부분의 장로교회32)와 성결교회33), 그리고 오순절 교단들이 이런 입장을 공유함으로써, 소수의 진보적 교단들을 제외한 한국교회 절대다수가 근본주의적 성서관을 고수하는 것으로 보인다.

둘째, 근본주의 신학을 구성하는 중심축의 하나는 세대주의적 전천년설이라는 묵시적 종말론이다. 전통적으로 근본주의자들은 이런 종말사상에 근거해서 인류의 미래에 대해

---

32) 또 하나의 대표적 장로교 교단인 통합 측은 헌법 "제2부 신조"에서 "신구약성경은 하나님의 말씀이니 신앙과 행위에 대하여 정확 무오한 유일의 법칙이다"라고 분명히 적시하고 있다.

33) 기독교대한성결교회의 헌법에는 성경에 대해, "우리 교회의 경전은 성경전서, 곧 구약과 신약이니 이 경전은 하나님의 계시를 받은 자들이 영감에 의하여 기록한 것인즉 이를 하나님의 말씀으로 믿나니 성경은 모든 사람을 구원하기에 넉넉하므로 무릇 성경에 근거하지 않은 신학설(神學說)이나 여하한 신비설이나 체험담은 신빙할 수 없으며 이런 것을 신앙의 조건으로 하거나 구원의 필요로 함을 배격한다"라고 천명하고 있다. 기독교대한성결교회, 『헌법』(서울: 기독교대한성결교회 출판부, 2007), 10.

극단적으로 비관적인 견해를 고수했고, 그 연장 선상에서 일체의 사회개혁이나 참여에 대해 부정적인 입장을 고수했다. 이 점에서 한국 개신교회도 유사한 전통을 보존해 왔다. 대부분의 한국 개신교회는 세대주의적 전천년설을 자신들의 종말론으로 신앙하고 있다. 특히, 성결교회와 오순절 교회처럼 성령운동을 주도하는 그룹들은 묵시적 종말론을 강조한다. 한국 개신교회가 묵시적 종말론의 영향하에 있다는 구체적 증거로 1992년 10월 28일에 예수의 재림을 예언했던 "다미선교회 사건"을 지적할 수 있다. 비록 그 단체가 시한부 종말론을 주장했고, 또 그 예언이 시대적 해프닝으로 끝나고 말았지만, 그런 사이비적 종말운동이 사회적 파장을 일으킬 정도로 세력을 펼칠 수 있었던 것은 이런 유형의 종말론에 대한 암묵적 승인 혹은 동조가 한국 개신교인들 내에 존재했기 때문이다. 이점은 한국전쟁 이후 수많은 천년왕국운동이 발생했고, 그 대부분이 개신교 계열에서 기원한 사실을 통해 간접적으로 확인할 수 있다.[34] 결국, 한국교회 초기부터 선교사

---

34) 이원규 교수가 2000년에 제시한 자료에 의하면, 문화관광부가 조사한 당시 국내의 시한부종말론 추종자는 모두 15만 명에 이르며, 종말론을 신봉하는 신흥종교 집단은 200여 개나 되는 것으로 알려졌다. 또한, 최근의 대표적 시한부 종말론 집단은 이장림의 다미선교회, 권미나의 성화

들을 통해 전수된 근본주의적 종말사상은 근현대사의 질곡을 통과하며 한국의 특수한 민족주의와 만나 다양한 형태로 분출되었다. 이런 역사적 사실 자체가 한국 개신교 내에서 근본주의적 종말론이 얼마나 강력하게 뿌리내려 왔는가를 반증해 준다. 이 사실을 노길명 교수는 이렇게 설명했다.

> 한국사회에서 천년왕국운동은 그리스도계 신종교운동으로 전개되었다. 이 운동은 기본적으로 한국 근현대사의 체험과 미국 개신교의 신앙유형, 그리고 선교사들의 선교 정책이 결합하여 나타난 현상이었다. 즉, 민족의 수난과 고통으로 점철된 근현대사 속에서 민중은 낡은 질서의 종말과 새로운 질서의 도래를 강조하는 미국의 개신교 신앙 흐름에 친화성을 지니게 되었으며, 여기에 덧붙여 교회사를 민족사와 분리시키는 서구 선교사들의 선교 정책에 대한 반발이 기성 교회와는 다른 새로운 종파 운동으로 나타나게 되었던

선교교회, 하방익의 디베라선교교회, 전양금의 다니엘선교교회, 이재구의 시온교회, 오덕임의 대방주교회, 유복종의 혜성교회, 이재록의 만민중앙교회, 공명길의 성령쇄신봉사회, 이현석의 한국기독교승리제단, 이천성의 한국중앙교회, 공용복의 종말복음연구회 등이다. 이원규, 『한국 교회 어디로 가고 있나』, 339-340.

것이다.35)

성서무오설을 신봉하는 근본주의자들에게 가장 위험한 적은 다른 종교가 아닌, 기독교 내부에서 성서비평학을 수용하는 자유주의자들이다. 성경에 대한 탄력적 사고를 토대로 종교 간의 대화 및 교회 연합운동을 추구하는 진보주의자들은 신앙의 순수성을 훼손하는 암적인 존재요, 어떤 의미에서 진정한 기독교로 받아들일 수 없다고 이들은 단정한다. 그 결과, 성서무오설은 한국교회가 연합을 위해 극복해야 할 가장 어려운 과제가 되고 있다. 예를 들어, 2009년 11월 3일에 WCC 총회에 대한 담화문을 발표한 예장(합동)은, "우리는 WCC와 함께 할 수 없고, 일치될 수 없다"고 선언했다. 그런데 이들이 WCC를 반대한 여러 이유 중 하나는 "WCC 내 많은 자유주의 교회 지도자들은 성경의 영감, 무오 등을 믿지 않고, 예수 그리스도의 동정녀 탄생과 죽음, 부활, 승천, 재림 등을 믿지 않는다"는 것이다.36) 이런 생각은 다른 이들을

---

35) 노길명, 『한국의 종교운동』(서울: 고려대학교출판부, 2005), 197-98.
36) 이대웅, "합동, WCC 총회 관련 강경 입장 담은 담화문 발표," 『크리스천투데이』(2009년 11월 4일).

통해서도 반복적으로 표현되고 있다. 2010년 5월에 한국복음주의신학회 회장으로 선출된 최갑종 박사도, 진보적 성향의 기독교학회와 보수적 성향의 복음주의신학회의 통합 가능성에 대한 기자의 질문에, "기구의 통합은 불필요하다고 본다. 불필요할 뿐 아니라 아예 불가능한 측면도 있다. 성경을 하나님의 영감으로 보고 무오류를 주장하는가 하면, 성경 역시 인간의 저작물이기에 오류가 있다는 시각도 존재한다. 이렇게 성경관에서 차이가 난다면 통일은 어렵다"고 자신의 확고한 견해를 밝혔다.[37] 이처럼, 근본주의 진영에서 성경무오설은 자신의 정체성을 규정하는 척도로 작용하고 있으며, 진보진영과의 연합/통일을 가로막는 가장 심각한 장벽으로 기능을 하고 있다.

한편, 이런 근본주의적 성경관에 대한 우려의 목소리도 높다. 복음주의 신학계 내에도 성서무오설을 비판하는 목소리들이 적지 않기 때문이다. 성경영감설을 절대적으로 신봉하며, 성경무오설을 신앙적 정체성의 요체로 수호하고, 성경에 대한 문자적 해석을 강력히 추구하는 근본주의적 성경관

---

[37] 김진영, "'학문의 신학', '말씀의 신학'으로 회복해야," 『크리스천투데이』 (2010년 5월 19일).

에 대한 비판적 목소리는 대체로 두 가지로 정리할 수 있다. 먼저, 성경무오설은 이론적/현실적으로 불가능하며 무의미하다는 주장이다. 무엇보다 영감으로 기록되었다고 하는 성경원본이 현재 존재하지 않고, 우리 대부분은 성경을 원어로 읽을 수 없어 번역본에 의존하고 있다. 동시에 어떤 번역본도 완전할 수 없다. 그뿐만 아니라, 성경을 읽는 우리는 다양한 편견에 사로잡혀 있어서, 우리의 해석은 매우 주관적일 수밖에 없다. 이런 현실에서 성경무오설을 주장하는 것은 현실적으로 불가능하고 무의미하다는 것이다.[38] 둘째, 성경무오설에 근거한 근본주의적 성경해석은 사회적 갈등과 분열의 원인으로 작용할 위험이 있다는 것이다. 「뉴스앤조이」에 기고한 글에서, 정병진은 근본주의적 성경관의 위험성을 다음과 같이 지적했다.

근본주의자들의 성경에 대한 사랑과 열정적인 전도활동은 기특하지만, 그들의 반지성주의적 단순한 신앙심 때문에 종교사회적 충돌과 물의를 빚는 경우가 허다하다 보니

---

[38] 권연경, "성경무오설을 다시 생각해 본다," 「뉴스앤조이」(2006년 6월 14일).

그 부작용이 매우 심각합니다. 더욱이 그들의 무리하기 그지없는 문자주의적 성서 이해는 합리적 대화를 가로막고 갈등을 일으키는 주된 요인으로 손꼽히고 있습니다. 성경을 읽고 더욱 이 세계에 평화가 실현될 수 있도록 노력해야 할 텐데, 그러지는 못할망정 오히려 전쟁과 갈등을 부추기게 된다면 기가 막힌 노릇이 아닐 수 없습니다. 그래서 아무리 성경을 읽을지라도 신앙관이 제대로 서 있지 않으면 독과 같이 오히려 위험할 수 있는 것입니다.[39]

이처럼 성경무오설은 한국교회의 근본주의를 규정하는 신학적 잣대로 기능을 해 왔다. 지금도 상황은 다르지 않다. 오히려 최근에는 복음주의 진영 내에서조차 이런 근본주의적

---

39) 정병진, "전쟁신 야훼를 넘어서," 「뉴스앤조이」(2003년 3월 17일). 안양대의 권연경 교수도 성경무오설에 대한 맹목적 신봉의 위험성을 지적하며, 올바른 해석의 중요성을 지적한다. "교회의 건강을 위해 더 시급한 것은 성경에 관한 교리적 주장이 아니라 성경해석의 실제적 원칙들을 구체화하는 것이다. 교회가 성경 무오설 주장엔 열심이면서 말씀의 올바른 해석에는 무관심한 현실은 우리의 열성의 원천이 영적 필요인지 정치적인 욕구인지 되묻게 한다. 인간적 해석 없는 말씀의 전달이 불가능하다면, 성경의 권위를 존중하는 참된 태도는 성경의 건전한 해석과 철저한 순종을 위한 실제적인 노력으로 나타날 것이다." 권연경, "성경무오설을 다시 생각해 본다."

성경관에 문제를 제기하는 목소리가 증가하면서, 이것은 더욱 심각한 갈등의 요인으로 작동하고 있다. 성경에 대한 다른 입장이 한국교회를 더욱 성숙시키는 '거름'이 될지, 아니면 분열과 갈등의 '불씨'가 될지 조심스럽게 두고 볼 일이다.

(2) 종교다원주의와 근본주의

종교를 초월해서 근본주의 혹은 원리주의의 주된 특성 중 하나는 전투성militancy이다. 아랍 테러리즘의 배후세력으로 거론되고 있는 이슬람 근본주의, 이에 대한 미국의 반격을 강력히 지지한 미국 기독교 근본주의 모두 자신의 적들을 향해 폭력적인 공격성을 노출했다. 특히, 이런 배타적 호전성은 타 종교와의 갈등구조 속에서 더욱 거칠고 폭력적인 형태로 드러난다. 한국교회의 근본주의적 특성도 다른 종교에 대한 극단적 두려움, 배타적 태도, 그리고 무차별 공격 등으로 다양하게 표출되고 있다.

종교사회학자 이원규 교수의 연구에 의하면, 한국사회는 기본적으로 종교다원주의 사회다. 1993년 현재 문화관광부에 등록된 기성종교는 28개, 개신교 교파는 168개, 불교계 종단은 39개, 그리고 신흥종교는 393개로 각각 나타났다. 거의

20여 년이 흐른 현재에는 이런 통계가 더욱 다양하고 복잡해졌을 것임이 틀림없다. 이런 상황에서 종교 간의 갈등상황이 심화하고 있으며, 이 갈등의 "우선적인 근원지는 바로 개신교"라고 할 수 있다.[40] 이 같은 다원주의적 상황에 대한 합리적 인식 위에 종교 간의 상생을 추구하는 대신, 한국 개신교는 자신의 입지를 강화하고 확대하려는 의도 속에 갈등과 대립을 심화시키고 있다.

그렇다면, 종교 간의 갈등을 심화시키는 중심세력은 구체적으로 누구이며, 이런 태도의 신학적 근거는 무엇일까? 다시 한번 이원규의 분석을 인용하면, (1) 유일신 사상을 가진 종교가 일반적으로 배타성이 강하다. (2) 교리나 신조, 혹은 신학에서 이분법적 사고구조를 강조하는 종교일수록 종교적 배타성이 강하다. (3) 종교적 배타성은 선민의식 혹은 종교적 우월주의가 강할수록 두드러지게 나타난다.[41] 이런 특성

---

40) 이원규, 『한국교회 어디로 가고 있나』, 242.
41) 이원규, Ibid., 251-54. 이원규 교수는 이런 이유 외에, 한국교회가 특히 종교적으로 배타적인 현실적 이유로, (1) 한국교회가 지나치게 경쟁의식에 사로잡혀 있고, 성공에 집착하기 때문이다. (2) 한국교회(특히 보수적인 교회)가 무비판적으로 제국주의적인 서구 신학을 답습하고 있기 때문이다. (3) 한국교회의 반지성주의 성향이 종교적 배타성을 조장하고 있다고 지적했다. 하지만, 필자의 판단에, 이 세 가지 현실적 이유는 보

을 분석하고서, 이원규는 한국교회의 종교적 배타성의 특징을 이렇게 요약한다.

타 종교에 대한 적대감이나 거부감은 개신교 안에서도 소위 보수적인 교파들(예를 들면 예장 합동, 예장 고신, 침례교, 성결교)의 경우 더욱 심하다는 것이다. 그뿐만 아니라, 교인들의 종교성이 강할수록 종교적 배타성이 강하게 나타나고 있다. 즉 개신교인 가운데서 정통주의 교리를 잘 믿는 교인일수록, 스스로 믿음이 깊다고 생각하는 교인일수록, 교회에 열심히 출석하는 교인일수록, 기도를 많이 하고 성경을 많이 읽는 교인일수록, 종교적 체험을 자주 하는 교인일수록 다른 종교에 대한 배타성은 더 강한 것으로 드러나는 것이다. 바로 여기에 딜레마가 있다. 한국사회에서

편적 설득력을 얻기 어려워 보인다. 과연 한국의 보수교회가 타 종교를 경쟁상대로 생각하는지, 아니면 선교대상으로 생각하는지를 고려할 필요가 있으며, 현재 한국교회의 지배적 신학이 서구신학에 깊은 영향을 받은 것은 사실이지만, 그것을 한마디로 "제국주의적"이라고 규정하는 것도 공정하지 않다. 또한, 한국의 근본주의자들을 반지성주의자로 낙인 찍는 것도 현실적으로 설득력이 떨어진다. 종교다원주의를 반대하는 중심세력이 보수 신학자들이기 때문이다. 근본주의를 반지성주의로 규정하는 것에 대한 반대 견해로, 김기현, "근본주의는 '시대와의 불화'를 빚었는가," 『기독교사상』546 (2004. 6), 46-8을 참조하시오.

종교갈등과 나아가서 사회갈등을 조장하는 것은 이른바 믿음이 좋다는 사람들이라는 사실이다.[42]

이런 상황에서, 한국교회와 다른 종교 간의 갈등은 다양한 모습으로 표출되고 있다. 대표적인 경우로 훼불毁佛사건, 이슬람포비아, WCC 부산총회 반대 등을 거론할 수 있다. 훼불사건의 경우, 보수기독교와 불교 간의 갈등의 핵심적 원인이 되고 있다. 이것은 비이성적/광신적 기독교인들이 불상을 훼손하거나 사찰에 방화를 저지르고, 사찰 내에서 공격적 선교활동을 전개한 것 등을 포함한다. 이런 불미스런 사건들은 그동안 수 없이 일어났다. 범인들 대부분은 개신교 신자들로 알려졌으며, 경찰은 그들을 정신이상자로 규정하여 사건을 마무리했다. 하지만, 이런 불행한 사건들의 배후에 다른 종교에 대한 한국교회의 과도한 배타주의가 자리하고 있다는 것이 문제다. 관련된 사건일지 중 일부만 열거하면 다음과 같다. (1) 1989년 1월, 서대문구 홍은동 소재 옥천암에서 한 기독교 신자가 석탑과 석등을 파괴하고 사찰문에 불교를 비방

---

[42] 이원규, Ibid., 250.

하는 낙서를 하고 도주함. (2) 1998년 6월, 제주도 원명선원에서 기독교인이 화강암 불상 750기와 삼존불을 훼손함. (3) 2004년 8월, 부산 장림동의 용수암 법당 내에서 기독교인이 불단 위에 올라가 삼존불 중 아미타불을 바닥으로 밀어 불상의 머리와 몸통으로 두 동강이 남. (4) 2009년 4월, 전남 여수시 향일암 대웅전에서 한 기독교인이 알루미늄 파이프를 휘둘러 인등, 불상과 불전함, 받침대 등을 부숨. 이 사건의 범인은 "우상을 숭배하면 안 된다. 부활절을 앞두고 하나님의 계시를 받아 우상숭배를 경고하기 위해 불상들을 부쉈다"고 진술했다.[43]

한국에서 기독교와 불교의 갈등은 오랜 역사를 지닌다. 반면, 개신교와 이슬람의 갈등은 최근에 급부상하는 새로운 현상이다. 개신교와 이슬람의 갈등은 소위 "이슬람포비아" Islampobia로 집약되어 분출되고 있다. 사실, 이슬람은 한국사회에 낯선 종교였다. 아라비안나이트, 오일달러, 중동축구 정도가 우리에게 알려진 아랍문화 전부였다. 하지만, 911사건, 외국인 노동자의 증가, 이슬람의 선교전략에 관한 CIA 문건

---

43) "향일암서 훼불사건 발생 '경악'," 『밀교신문』 (2009년 4월 13일).

유출, 그리고 2008년 SBS에서 방송한 4부작 '신의 길 인간의 길' 등이 한국교회 내에 "이슬람 쓰나미" 신드롬을 일으켰다. 선교학자 전호진은 "무슬림이 한국 여성과 결혼하여 국내에서 이슬람 확장을 획책하고 있다"고 주장했으며, 최바울 선교사는 "한국에 들어온 2만 명의 이슬람선교사들이 좌파세력과 연계해 사회를 혼란스럽게 하고 있다"고 이슬람 음모론을 제기했다. 대한예수교장로회 산하 5개 교단 선교부는 이슬람에 대한 공동대처방안을 마련했으며, 한국이란인교회는 이슬람 대처운동인 '4HIM' Halt Islamization Movement 운동을 전개하고 있다.[44] 이렇게 상황이 급박하게 전개되자, 한국교회의 선교전문가들을 중심으로 이슬람 바로 알기 운동이 여러모로 펼쳐지고 있다. 진보적 선교학자들은 이슬람포비아의 실체자체를 부정하는 경향이 있는 반면,[45] 보수적 학자들은 이슬람 경계령을 선포하고 있다. 한편, 중도적 상황에 있는 사람들은 이슬람과 무슬림을 구별하고, 국내에 들어온 무슬림들을 공포의 대상이 아닌, 선교의 대상으로 접근해야 한다고

---

44) 이지수, "한국교회 이슬람포비아, 과장된 측면 많아," 『베리타스』(2009년 4월 20일).
45) 연세대 김상근 교수는 이슬람포비아에 대해 "타당성이 결여된 일부 보수/근본주의 진영의 일방적인 주장"이라고 일축했다. Ibid.

제안한다.46) 아무튼, 요즘은 이슬람포비아가 대세다.

끝으로, 최근 한국교회의 가장 뜨거운 감자로 부상한 것이 '2013년 WCC 부산총회' 문제다. 한국기독교교회협의회 NCCK가 이번 총회를 한국교회 전체의 축전으로 삼겠다고 발표하자, NCCK와 WCC에 대한 반대의 목소리가 보수기독교 내부에서 강하고 줄기차게 터져 나오고 있다. 이미 대부분 보수교단이 WCC와 부산총회 자체에 대한 반대의 뜻을 공개적으로 표명했으며, 보수신학자들의 다양한 모임에서 WCC의 신학에 대한 날카로운 비판들이 연속적으로 제기되었다. 이들이 WCC를 반대하는 대표적 이유는 WCC가 종교다원주의 혹은 종교혼합주의를 지지하기 때문이다. 예장(고려) 총회의 성명서는 이런 입장을 명확하게 천명하고 있다.

> 반대와 투쟁 사유. WCC는 구원에 이르는 유일한 길이 기독교만이 아니라 다른 종교를 통해서도 가능하다는 종교다원주의를 주장하기 때문이다. … WCC는 각 종교에 나타

---

46) 아신대 이동주 교수는 무슬림들에 대한 사랑의 마음을 갖되, 이슬람과 무슬림을 구별하지 못함으로써 한국 내 이슬람의 팽창을 간과하는 잘못을 범해서는 안 될 것이라고 지적했다. "무슬림, 두려움이나 적대감 아닌 사랑으로 바라봐야," 『크리스천투데이』 (2010년 5월 7일).

난 영적 능력과 신비를 같은 성령의 역사로 보는 범신론적 종교 혼합주의를 주장하기 때문이다. WCC는 종교다원주의를 근거로, 복음전파를 금할 뿐 아니라, 각 종교 간의 대화를 통해 각자 자기 종교를 잘 믿으면 된다는 선교 무용론을 주장하기 때문이다.[47]

종교다원주의에 대한 논쟁은 이미 1990년부터 한국신학계의 뜨거운 감자였으며, 2004년에 대광고 강의석 사건, 조용기 목사의 동국대 발언, 길희성 교수의 『보살예수』 출판 등으로 열기가 더해졌고, 이번에 WCC 총회 유치결정으로 절정에 오른 것이다. 이것은 한국 개신교 근본주의자들에게 종교다원주의가 얼마나 심각한 신학적/신앙적 위협인지를 바로 보여준다. 진보신학자들은 종교다원주의를 부정할 수 없는 현실로 수용하면서 보수교회가 타 종교에 대해 보다 포용적인 태도를 보이도록 요구한다.[48] 반면, 보수진영은 다른 종교와

---

47) 류재광, "예장 고려, WCC 한국총회 개최 반대 성명," 『크리스천투데이』 (2009년 9월 30일).
48) 종교다원주의를 지지하는 진보 신학자들의 입장에 대해선, "종교다원주의, 침묵하지 말고 씨름할 때," 『크리스천투데이』(2005년 1월 21일)과 "주님의 역사하심에 경계선 긋지말라," 『크리스천투데이』(2005년 1월 24일)을 참조하시오. 여기에서 감신대 이정배 교수와 한신대 김경재 교

문화에 대해 예의를 갖추어야 하지만, 결정적인 순간에 진리를 보수하려면 배타적이 될 수 밖에 없다고 주장한다. 이들에게 종교다원주의는 기독교의 본질을 왜곡하는 최악의 범죄다. 그리고 이런 목소리가 한국교회를 지배하고 있다.

(3) 창조와 근본주의

한국교회의 근본주의적 속성을 단적으로 확인할 수 있는 전통적 주제 중 하나는 '창조론과 진화론의 논쟁'이다. 미국도 1925년의 유명한 "원숭이 재판"을 통해, 근본주의의 상징적 특성이 구약성경 창세기에 대한 문자적 해석을 토대로 진화론을 공격하고 창조론을 옹호하는 것으로 표출되었다. 이런 미국교회의 보수적 태도는 한국교회에도 그대로 수입되어, 창세기에 대한 기본적 해석의 틀로, 과학에 대한 기독교적 태도의 한 축으로 강력한 입지를 구축해 왔다. 성경무오설을 신봉하는 한국교회 내에서 창조론은 성경의 권위를 입증하는 시금석이며, 창조론을 부정하는 생물학적 진화론은 절

수의 입장을 확인할 수 있다. 반면, "전장련의 선언은 종교다원주의 경고하는 예언자적 소리," 『크리스천투데이』(2009년 9월 14일)에선 숭실대 김영한 교수가 보수진영의 목소리를 대변했다.

대 용납할 수 없는 사이비 과학으로 경계대상 1호였다. 오랫동안 진화론 비판 및 창조론 옹호는 주로 교회 내에서 신학자와 목회자들에 의해 수행되었으며, 성경에 대한 보수적 해석 및 신앙 공백에 기초하여 이루어졌다.

하지만, 1980년대에 창조과학이 미국에서 수입되면서, 창조론과 진화론의 싸움은 새로운 국면을 맞이하게 되었다. 1981년에 한국창조과학회가 창립되면서, 국내 기독교 과학자들이 대거 이 조직에 가담하여, 진화론을 공격하고 창조의 과학적 증거들을 제시하는 일에 몰두하였다. 이로써 창조론에 대한 기독교적 변증이 신학자와 목회자의 손에서 평신도 과학자들의 손으로 넘어가기 시작했다. 창조과학자들은 대체로 지구의 나이를 6000년-1만 년 정도로 추정하는 '젊은 지구론'을 주장했으며, 일부는 지구 나이가 40억-50억 년, 우주 나이가 100억-200억 년이라는 '오래된 지구론'을 지지했다. 1990년대에는 과학적 증거제시에 몰두하는 창조과학의 전략을 비판하며, "창조 vs. 진화 논쟁의 본질이 과학적 증거의 문제가 아니라, 유신론과 무신론이라는 상충된 세계관의 문제라고 주장하는" 지적설계론이 소개되면서, 진화론에 대한 창조론자들의 과학적 반격이 더욱 치밀하고 조직적으로 전개되기 시작했다.[49] 현재 한국교회의 보수진영에서는 창조과학자들과 지적설계론자들이 연합전선을 형성하여, 진화론과 격렬한 전투를 벌이고 있다.

그렇다면, 현재 창조론자들은 어디에서 어떤 방식으로 자신의 전투를 전개하고 있을까? 먼저, 창조론자들은 대중강연 및 교육을 통해 진화론을 공개적으로 공격하고, 심지어 진화론자들과의 공개적 논쟁도 마다하지 않는다. 예를 들어, 한국창조과학회는 교회를 중심으로 평신도들에게 "진화론의 허구성 및 창조의 과학성"을 입증하는 강의를 지속적으로 진행해 왔으며, 심지어 현직 초중고 교사들을 대상으로 "기원에 관한 창조론과 진화론"이란 특수분야 연수과정을 개설하기도 했다. 그뿐만 아니라, 2002년 12월 26일에는 동아사이언스 주최, "진화냐 창조냐"란 주제의 논쟁강연회에 연대 의대의 김정훈 교수가 창조론 대표자로 나서, 진화론을 대표한 경북대 지구과학교육과의 양승영 교수와 일대 논쟁을 벌이기도 했다. 이 논쟁에서 딱따구리의 신비한 뇌 구조를 예로 들며, 창조론이 자연세계를 보다 효과적으로 설명한다고

---

49) 신재식, 김윤성, 장대익, 『종교전쟁』 (서울: 사이언스북스, 2009), 437.

주장했다. 이런 학문적 논쟁 외에, 창조론자들은 교과서에서 진화론 대신 창조론을 수록하도록 정부에 압력을 가하고 있다. 이런 목적을 위해, 2008년에 한국진화론실상연구회(회장 김기환 장로)가 창립되었다. 2008년에는 예장(합동)총회(총회장 최병남 목사)가 국정교과서에 창조론을 삽입해 줄 것을 정부에 건의했고,[50] 2009년에는 한국창조과학회가 "진화론만 교과서에 싣는 것은 종교의 자유를 침해하는 위헌이라며 진화론만 가르치라는 교육부 지침을 폐기하기 위해" 헌법소원을 냈다.[51] 2010년에는 교과서진화론개정추진회가 결성되었다. 이 단체는 "한국진화론실상연구회와 한국창조과학회 내 교과서위원회 일부가 교과서에서의 진화론 삭제운동을 효과적으로 펼치기 위해 통합하면서 출범하게 됐다."[52] 이 조직의 출범식에서 회장인 김기환 장로는 "세계적으로도 일방적인 진화론 교과서에 대한 문제가 제기되고 있다. 적은 인원이지만 거룩한 분노를 품은 다윗처럼 사단의 가장 견고

---

50) 이대웅, "합동, 국정 교과서에 창조론 삽입 대정부 건의," 『크리스천투데이』(2008년 9월 25일).
51) "진화론만 교과서에 싣는 것은 위헌," 『크리스천투데이』(2009년 5월 28일).
52) 이대웅, "'더는 진화 불가능한 진화론' 교과서에서 삭제 추진" 『크리스천투데이』(2010년 1월 25일).

한 진인 진화론 교과서 개정이라는 골리앗을 향해 함께 나가겠다"고 다짐했다.[53]

이처럼 창조과학자들과 지적설계론자들은 협력하여, 이론적 대안 및 정치적 압력을 동시에 구사하며, 진화론 공격으로부터 창조신앙을 수호하고 있다. 진화론에 대한 이들의 공격은 대체로 두 가지로 요약된다. 첫째, 진화론은 무신론적 세계관을 유포하여, 인간을 동물/물질로 평가절하하고, 비인간적 경쟁구조를 양성한다. 둘째, 진화론은 성경의 권위를 부정하여 신앙을 훼손하고, 반기독교적 사회분위기를 고조시킨다. 이런 문제의식하에, 이들은 진화론의 학문적 약점을 과학적 논리와 증거를 통해 폭로하고, 역으로 창조론의 과학적 토대를 입증하는 데 주력한다. 또한, 진화론의 사회적 부작용을 차단하기 위해, 대중교육 및 정부정책변경을 조직적으로 추진하고 있다. 이것은 한국교회 내에서 창조론에 대한 학문적 수준이 발전하고, 창조론자들의 전략이 치밀하고 조직적으로 "진화"했음을 바로 보여준다.

하지만, 진화론자들의 이런 전투적 활동에 대한 비판의

---

[53] Ibid.

목소리도 만만치 않다. 비판적 목소리는 진보주의자들뿐만 아니라, 복음주의 진영 내에서도 줄기차게 들려온다. 비판의 소리는 대체로 세 가지로 정리할 수 있다. 첫째, 창조과학과 지적설계는 과학이 아니라는 주장이다. 복음주의 과학자인 서울대 우종학 교수는 "창조과학과 지적설계가 과학이라면 과학적 대안이 있어야 한다. 하지만, 그들은 진화론에 대한 네거티브 공격 전략만 취할 뿐이다. 문제점을 지적해서 위상을 떨어트리는 전략 말이다 … 과학적 설명을 하고 와서 얘기하면 논쟁을 해 볼만도 할 텐데 이건 말도 안 된다"라고 단호하게 비판한다.[54] 둘째, 창세기를 과학이 아닌 신학의 관점에서 읽어야 한다는 지적이다. 복음주의 신학자 김기현은 이 문제에 대해 다음과 같이 말했다. "창조신앙을 둘러싼 과학계의 해묵은 논쟁은 학문적으로는 그럴싸해 보일지 몰라도, 과학자로서 과학적으로 접근하는 것이 충분히 가능하더라도, 창세기와 전혀 무관하거나 거리가 멀어도 한참 멀다. 그런 방식은 텍스트에 대한 오해요 왜곡이다. 창세기를 무시하는 처사다. 창조신앙을 과학적으로 재구성하는 해석학으

---

54) "신앙, 양립할 수 있다? 없다?" 『복음과 상황』 제229호 (2009년 11월), 74-5.

로 적절하지 않다."[55] 셋째, 창조과학을 주도하는 과학자들이 이 분야의 전문가도 아니며, 신학에도 무지하다는 비판이다. 자신을 진화론적 유신론자로 규정하는 호남신대 신재식 교수는 이런 현실을 다음과 같이 날카롭게 지적했다.

> 성서해석부터 시작해 신학적 논쟁을 제대로 다룰 수 있는 능력을 결여하고 있는, 신학 문외한인 사람들이 창조과학과 지적 설계론의 주류를 이루는 상황 자체가 창조과학이나 지적 설계론의 한계라고 생각합니다. 여기에는 제대로 된 신학도 없고, 제대로 된 과학도 없고, 사이비 신학과 사이비 과학만이 있을 따름이죠. 결코, 좋은 종교도 좋은 과학도 아닙니다. 창조과학이나 지적 설계론은 결국 기독교와 신학의 종말을 자초하는 부메랑이 될 것입니다. 이게 제가 아직 채 잉크도 마르지 않은 책들을 포함해서 창조 과학과 지적 설계론 운동 진영의 문헌들을 검토하고 내린 결론입니다.[56]

---

55) 김기현, "믿음으로 창조를 안다"『복음과 상황』제229호 (2009년 11월), 84.
56) 신재식, 김윤성, 장대익,『종교전쟁』, 427.

물론, 창조론은 진보와 보수를 막론하고 기독교가 포기할 수 없는 소중한 신앙고백이다. 그렇다고 눈부시게 발전하며 사회 전반에 막대한 영향력을 행사하는 과학의 존재를 부정할 수도 없다. 따라서, 창조론의 신학적·신앙적 가치를 건강하게 보존함과 동시에 진화론에 대한 과학 측의 입장도 탄력적으로 수용할 수 있는 역량이 필요하다. 그뿐만 아니라, 이제는 생물학적 진화론에 대해 맹공을 퍼부으면서, 사회적 진화론에 기초한 자본주의에 대해 맹목적 지지를 선언하는 근본주의의 이중적 모습도 진지하게 반성할 때가 되었다. 하나님의 섭리를 부정하는 생물학적 진화론을 기독교의 근간을 위협하는 것으로 이해한다면, 승자독식과 적자생존을 기초원리로 작동하는 자본주의 또한 상생과 공존을 지향하는 창조 섭리에 어긋난다는 사실을 근본주의자들이 잊어선 안 된다. 세상은 생각보다 훨씬 복잡하다.[57]

---

[57] 단국대학교의 이용국 교수는 다윈의 진화론이 헐버트 스펜서의 사회진화론에 영향을 끼쳤으며, 사회진화론이 19세기 자본주의자들에 의해 악용되었다며, 진화론과 자본주의의 역사적 관계를 비판적으로 지적했다. 김진영, "인류역사는 '진화론'을 어떻게 이용해 왔는가," 『크리스천투데이』(2010년 1월 22일).

2. 윤리적 근본주의

(1) 주초문제와 근본주의

한국 개신교의 근본주의적 성향은 윤리적 차원에서도 뚜렷하게 나타나고 있다. 청교도의 엄격한 윤리적 이상을 이어받은 미국의 근본주의는 음주와 흡연에 대한 배타적 거부감, 성과 결혼에 대한 보수적 규범, 동성애에 대한 혐오감, 여성에 대한 차별의식 등을 강조해 왔다. 이런 보수적 윤리의식은 한국 개신교 내에서도 막강한 영향력을 행사하고 있다. 사회의 근대화와 세속화가 급속히 진행되면서, 이런 윤리적 기준이 강제력을 상실하고 강단의 훈계만으로 축소되는 듯하지만, 이런 보수적 윤리는 여전히 한국 개신교의 제반 영역에서 신앙적 정체성의 핵심적 규범으로 자신의 위치를 견고히 지키고 있다. 먼저 금주금연 문제를 살펴보자.

음주와 흡연에 대해 한국교회는 거의 예외 없이 단호하게 반대하고 있다. 비록, 소수의 진보 교단들이 암묵적으로 음주흡연을 묵인하는 예도 있으나, 한국 개신교인들 대부분은 금연 금주를 자신들의 신앙적 정체성 및 신앙적 순수성의 척도로 생각하는 경향이 강하다. 사실, 한국교회가 주초문제에 대해 강력히 반대하는 뜻을 취하게 된 것은 선교 초기 미국선교사들의 강력한 영향 때문이다. 한국에 도착한 선교사들은 당시 미국교회에서 강력하게 전개되던 금주운동에 깊이 영향 받은 사람들이었기 때문에, 개인적으로 이 문제에 대해 보수적 태도를 견지하고 있었다. 동시에 그들이 한국에서 목격한 수많은 문제 중, 특히 술, 담배, 그리고 난잡한 성문화가 심각한 상태에 놓여 있었다. 이런 상황에서 선교사들은 금주금연을 기독교 윤리의 핵심사항으로 가르쳤다. 한국교회사 학자인 이덕주 교수의 지적처럼, 사람들은 "교회에 들어오면 먼저 '상투를 자르고 술과 담배를 끊어야' 했다."[58] 이런 교회의 새로운 문화는 1907년에 일어난 평양대부흥을 통해 더욱 깊고 광범위하게 확산하기 시작했다. 당시 상황을 총신대 박용규 교수는 이렇게 정리했다.

> 부흥운동이 저변 확대되면서 축첩과 조혼 노비제도가 교정되고, 노름, 음주, 흡연에 빠진 이들이 교회라는 신앙의 공동체 속에서 새롭게 거듭나고, 결혼 관계도 정상적으로 회복되었다. "누구든지 그리스도 안에 있으면 새로운 피조

---

58) 이덕주, "한국 감리교회 역사에 나타난 영적 권위와 지도력 문제 1,"「뉴스앤조이」(2009년 3월 3일).

물"이라는 바울 사도의 고백이 부흥운동의 현장에서 목도되었던 것이다. 황해도 해주읍 교회에서는 부흥운동 기간에 아편에 중독되어 거의 죽게 된 이들이 "쥬의 말삼을 듯고 밋은 후에 그 죄를 원통이 녀겨" 아편을 끊고 고치는 역사까지 있었다.[59]

이런 금주금연에 대한 보수적 전통은 최근에도 큰 변화 없이 지속하고 있다. 물론, 근래에 들어, 점점 더 많은 개신교인이 현실적으로 완벽하게 금연 금주를 실천하는 것, 또 배타적으로 성서에 근거하여 이런 주장을 강요하기 쉽지 않다는 사실을 인지하고 있다. 하지만 교회에서 이 문제가 계속 강한 톤으로 다루어지는 것은 역으로 이 문제가 교회 내에서 여전히 해결되지 않고 있다는 반증이기도 하다. 예를 들어, 2005년 6월 13일에 강북지역 10여 개 교회와 광운선교회가 기독청년연합 기도모임을 가졌다. 이 기도회의 주요 기도제목은 "캠퍼스 앞을 뒤덮은 술, 음란, 향락의 문화가 변화되어 캠퍼스를 주님의 땅으로 회복하는 것"이었다.[60] 이 문제에 대한

---

59) 박용규, 『평양대부흥운동』(서울: 생명의 말씀사, 2005), 477.
60) 지재일, "강북지역 10여 개 지역교회와 선교회, 연합 기도모임," 『크리

교회의 확고한 입장에도, 여전히 청년들을 비롯한 교회의 회원 다수가 이 문제에서 자유롭지 못한 것이 오늘의 현실이다.

주초문제는 단지 교회의 심각한 윤리적 규범의 문제일 뿐만 아니라, 선교의 심각한 장애요인으로 거론되고 있어, 문제의 성격이 더욱 복잡해지는 상황이다. 2008년 1월에 방송된 CBS TV '크리스천 Q' 프로그램에서 청년들이 교회를 떠나는 현실에 대한 토론이 진행되었다. 이 토론에 패널로 참여한 목회자들은 한결같이 "청년들이 가장 많이 하는 고민이 술과 담배, 혼전순결의 문제다"라고 언급하면서, 교회가 이 문제에 대한 공적 토론의 장을 마련하기보다는 미리 정해진 결론에 근거하여 배타적 입장을 고수함으로써, 청년들이 상처를 안고 교회를 떠난다고 지적했다. 그뿐만 아니라, 2006년 12월 6일 자 「뉴스앤조이」 인터넷판에는 천주교로 개종한 개신교인들에 대한 심층연구결과가 실렸다. 목회사회학연구소(소장 조성돈)가 한 연구에 따르면, 이들이 개신교를 떠나 천주교를 선택한 주된 이유 중 하나가 "개신교보다 천주교는 융통성이 있다는 것이었다." 특히, 융통성과 관련해서, 천주

스천투데이」 (2005년 6월 14일).

교에는 제사문제 다른 종교에 대한 관용적 태도 외에, 술과 담배에 대한 규제가 없다는 것을 대표적인 예로 꼽았다. "이것은 다원주의적인 현대 사회에서 폐쇄적인 개신교에 비해, 천주교는 개방적이고 융통성이 있다는 이미지를 갖게 하였다"고 기자는 결론을 내렸다.[61]

한국사회가 좀 더 세속화되고 다원화되면서, 주초문제도 점점 더 복잡해지고 있다. 그 결과, 기존의 일방적이고 배타적인 선언 대신에, 보다 거시적이고 합리적인 차원에서 금연금주의 당위성을 주장하는 목소리가 커지고 있다. 예를 들면, 김기현 교수는 술은 성경에서 분명히 금하므로 삼가야 하나, 담배는 성경에서 금하지 않으므로 진리가 아닌 건덕健德의 차원에서 다루어야 한다고 지적한다.[62] 배준환 목사는 가난한 이웃에 대한 최소한의 책임이란 관점에서 주초문제에 접근한다. "생존의 문제로 고통받는 이들을 내 이웃으로 생각한다면, 우리의 필요를 넘어서는 낭비와 과소비를 버려야 한다는 것이, 그 낭비와 과소비의 한 귀퉁이를 차지하는 음

---

61) 정재영, "시끄러운 교회, 성스러운 성당," 「뉴스앤조이」 (2006년 12월 1일).
62) 김기현, "담배는 괜찮지 않나요?," 「뉴스앤조이」(2006년 9월 15일).

주와 흡연 또한 절제할 수 있는 이유 중의 하나가 아닐까 생각해 보았습니다."[63] 한편, 이 문제를 보다 거시적인 관점에서 접근하는 학자도 있다. 장신대의 임성빈 교수가 쓴 다음 글은 이런 흐름을 대표한다고 생각한다.

> 사실 오늘날 술 담배 문제가 아니더라도 우리 교회가 관심을 둬야 할 사회적 분야 및 문제들이 산적해 있는 형편이다. 그래서 어떤 이들은 지금이 술 담배를 놓고 이야기할 때냐고 조소를 보내기도 한다. 그러나 21세기를 책임질 우리 청소년들의 육적 영적 건강을 직간접적으로 위협하는 요소들이라는 점에서, 또 가임여성의 음주, 흡연율 급증이 태아의 건강을 크게 위협한다는 측면에서, 한국사회의 정신문화와 직장생활의 구조 및 기업문화 전반에 미치는 파괴적 영향력의 측면에서, 한국교회는 술·담배의 문제를 새롭게 정리해야만 한다. 술·담배를 둘러싸고 벌어지기 쉬운 교리적 문제는 여기에서 우리의 일차적 관심이 아니다. 우리가 지금, 여기에서 술·담배 문제를 논하는 우선적 이유는 그것

---

63) 배준환, "술과 담배를 절제할 수 있는 이유 중 하나," 「뉴스앤조이」 (2003. 5. 28).

이 한국땅에서 기독교인으로 사는 것과 사회적 책임을 다해야 한다는 상황에 비추어 매우 중요한 문제 중의 하나라는 데 있다.[64]

금주와 금연에 대한 한국 개신교의 오랜 전통은 이것을 교단헌법에 신자들의 생활에 대한 의무사항으로 규정하여, 신자들에게 장려하고 있다.[65] 이 문제를 바라보는 현실적 시각이 변하고, 이 문제의 정당성을 설득하는 학문적 근거도 더 현실적이고 구체적이 되는 경향을 띠지만, 주초에 대한 개신교의 근본주의적 태도는 원칙적으로 계속되고 있다. 하지만, 주초문제가 기독교인들에게 어설픈 도덕적 우월감을 느끼게 한다거나, 혹은 이 주초문제를 통해 표현된 영적·윤리적 순결의 노력이 더 거시적인 사회적·윤리적 문제로 확장되지 못하고, 또한 이것이 비기독교인들이 복음에 귀 기울이는데, 심각한 장애물로 작용하도록 내버려둬선 안 될 것이다. 문제

---

64) 임성빈, "기독교 윤리적 관점에서 본 술 담배" http://news.beauti-fulkor.com/post_41.html (2008년 4월 6일 검색)
65) 기독교대한성결교회의 경우, 술과 담배 문제에 대해 헌법 "제27조 건덕생활"에 다음과 같이 명시하고 있다. "바. 관습상으로나 사교상으로나 신앙생활에 유해하며 타인에게 부덕 되는 환각제 및 주초 등의 행위는 하지 않아야 한다." 기독교대한성결교회, 『헌법』, 21.

가 점점 복잡해지고 있다.

(2) 여성과 근본주의

19세기에 성서무오설과 문자적 성서해석을 토대로 형성된 근본주의 신학은 필연적으로 권위주의적이고 가부장적인 사고를 강화시켜 왔다. 이런 근본주의 신학은 한국에서 전통적인 유교문화와 접목되며, 사회 및 교회 내에서 여성의 지위와 역할에 극심한 차별을 가져왔다. 이것은 선교 초기부터 두드러진 문화현상으로 나타났으며, 21세기에 접어든 현재에도 큰 변화 없이 지속하고 있다. 교회구성원의 70%를 여성들이 차지하고 있음에도, 여성들이 남성중심의 교회구조 내에서 다양한 차별을 경험할 뿐만 아니라, 남성 목회자들의 언어적·신체적 폭력에 무방비상태로 노출되어 있다. 이런 현실의 구체적 예를 살펴보면 다음과 같다.

무엇보다 한국교회는 근본주의적 성서해석에 근거해서, 여성목사 안수에 대해 부정적인 입장을 견지해 왔다. 여성 신학자 피오렌자에 따르면, "근본주의자들은 모두 경전이나 전통을 하나님의 뜻이라고 보는 문자주의적 이해를 고수함으로써, 그리고 여성의 예속은 자연스러울 뿐 아니라 하나님이 여성을 예속적으로 만들었다는 것을 강조함으로써, 종교적 안정과 신앙의 확실성과 결정적 정체성을 약속한다"고 주장했다.66) 이런 지적은 앞에서 이미 언급했던 1934년에 발생한 '여권문제' 논쟁을 통해 확인할 수 있다. 당시에 성진중앙교회 김춘배 목사가 여성안수를 거부하는 장로교회 헌법에 대해 성서비평학에 근거하여 문제를 제기하자, 교단은 연구위원을 선임하여 1년 동안 연구 후 보고하게 했다. 그 보고서는 "사도 바울이 고린도전서와 디모데전서에 여자에게 교회의 교권을 불허하라는 말씀은 만고불변의 진리이웨다"라고 결론을 내렸고,67) 이 같은 결정은 현재에도 여성안수를 거부하는 교단에서 강력한 해석학적 규범으로 맹위를 떨치고 있다.

이런 근본주의적 성서해석은 안수 문제와 관련해서, 한국교회 내의 극심한 성차별을 일으키고 있다. 여성 신학자 강남순은 이런 한국교회의 현실을 다음과 같이 지적했다.

사실상 한국 기독교회의 대부분 교단은 특히 젠더 문제

---

66) E. S. 피오렌자, "해석의 에토스: 탈근대적 탈식민지적 상황," 『신학사상』 (1996), 45-6.
67) 한국기독교역사연구소, 『한국기독교의 역사 II』 (서울: 기독교문사, 1991), 156.

와 관련되어 조명하여 볼 때에 여러 가지 측면에서 근본주의적 성향을 다분히 지닌다. 한국 기독교가 200여 개가 넘는 교단이 있지만, 여성 안수를 허용하는 교단은 7개 교단에 지나지 않는다는 것은 한국 기독교의 근본주의적 성향이 얼마나 지배적인가를 보여주는 예이다.[68]

이런 현실은 여성안수를 거부하는 대표적 교단들의 헌법 속에 명시된 '목사의 조건'에서 확인할 수 있다. 예를 들면, 대한예수교장로회(합동) 총회 헌법 정치편 제2조에는 "목사 될 자(남성)는 학식이 풍부하며 행실이 선량하고 …"라고 규정되어 있으며, 예수교대한성결교회 헌장 제6장 정치 제2절 직원 제52조도, 목사 후보자의 자격에 대해, "본 교회에서 전도사 청빙 승인을 받은 만 28세 이상의 남자로서 …"라고 명시되어 있다. 이처럼, 여전히 많은 교단이 여성의 목사안수를 헌법을 통해 근본적으로 불허하고 있다. 설령, 여성안수를 허용하는 교단도, 여성목회자가 지역교회의 청빙을 받는 경우도 매우 적어, 상당수가 개척하거나, 특수한 형태의 전

---

68) 강남순, "종교근본주의 담론과 젠더," 『신학사상』 123호 (2003, 가을), 122.

문사역에 종사하는 경우가 대부분이다.

교회 내에서 여성 신도들의 지위 또한 대단히 열악하다. 절대다수의 교회들에서 여성은 의사결정과정에서 철저히 소외되어 있다. 소수의 경우를 제외하고, 여성이 장로나 안수집사가 될 기회 자체가 근본적으로 차단되었기 때문이다. 교회의 70%를 구성하는 여성이 교회 내에서 각 부서장을 담당하는 비율이 5%에 머물고 있으며, 여성이 정책결정기구에 참여할 기회도 11%에 불과하다.[69] 결국, 여성들의 입장이 교회의 정책결정과정에 반영될 기회가 매우 희박하며, 교회 내에서 여성이 차지하는 지위와 역할에도 한계가 있을 수밖에 없다. 1995년 한국기독교교회협의회의 설문조사로는, 교회에서 여성들의 주된 일은 청소와 음식 만들기가 51%로 가장 많았다. 반면, 여성들에게 교회에서 가장 하고 싶은 일을 물었을 때, 청소와 음식 만들기는 0.3%였으나, 성경연구는 13.3%였다. 이런 현실에 대해 숭실대 구미정 교수는 "여성에게는 설교와 대표기도, 당회나 제직회를 주재하는 것을 맡기지 않는다. 여 성도는 단지 교인의 식사를 준비하고 설거지와

---

[69] 강연홍, "한국교회 내 성차별로 고통 받는 여성을 위한 기독교상담에 대한 연구," (호남신학대학교기독교상담대학원 석사학위논문, 2003), 32.

청소를 하며, 한복을 차려입고 손님을 맞이하는 봉사만 할 뿐이다"라고 성토했다.[70]

여성들은 저질 목회자들의 다양한 폭력에도 고통을 당하고 있다. 기독여성상담소 소장 윤귀남 목사가 접수한 사례를 분석해 보면, 1998년 6월부터 2005년 10월까지 목회자 성폭력 수는 108건이었으며, 이 중 2-3건이 사이비 종파에서 일어났고, 나머지는 모두 정통 교단에서 발생했다. 목회자에 의한 성폭력의 피해자들은 대부분 교회 여신도들이며 범행기간이 길고 피해자의 수도 많은 것으로 나타났다. 「뉴스앤조이」에 실린 목회자 관련 성폭력의 종류와 방법은 다음과 같다.

여중생을 야단치는 것처럼 하면서 옷을 벗기고 팬티를 가위로 자르는 등 성추행. 젊은 여신도들의 가슴이 얼마나 컸는지 보자며 만지고 끌어안는 등의 성추행과 성희롱. 교회 재정을 장악하기 위하여 회계업무를 맡은 여사무원들을 상습적으로 강간. 심방 중에 강제로 강간하고 지속적으로

---

[70] 유헌, "교회 안의 남녀평등 아직 멀었다," 「뉴스앤조이」 (2007년 4월 26일).

성관계를 요구. 결혼을 빙자하여 여신도와 성관계를 갖고 폭행. 홀로 사는 여신도들을 상담해 준다며 불러내어 모텔로 끌고 가 강간.[71)

이런 극단적이면 외에도 교회 내에서 목회자들, 특히 부흥사들에 의한 여성비하적 발언이 매우 빈번하게 행해지고 있다. 성경에 대한 근본주의적 이해 및 유교의 가부장적 관념을 소유한 남성 목회자들이 여성을 동등한 인격체로 인정하지 못하고, 성적 대상이나 부차적 존재로 폄하하는 경우가 비일비재非一非再한 것이다. 2005년 1월, 대구의 한 집회에서 전광훈 목사의 팬티발언, 2003년 11월, 총신대학교 채플에서 임태득 목사의 기저귀발언 등은 이런 현실을 반영하는 단면이다.[72)

시대가 바뀌었다. 사법고시에도 합격자의 절반 이상이 여성이며, 사관학교에도 여성들이 상위권을 장악하고 있다. 대기업의 CEO 중에도 탁월한 능력의 여성들이 즐비하고, 정계

---

71) 유연석, "성(聖)스러운 곳에서 벌어지는 성(性)스러운 일들," 「뉴스앤조이」(2009년 11월 6일).
72) 주재일, "여성지도자들, '남성 목사들 여성 비하 발언 심각'," 「뉴스앤조이」(2006년 4월 26일).

에서 여성 정치가들의 활약도 눈부시다. 이런 시대에, 교회에서 여성들의 지위와 역할이 여전히 전근대적 모델에 머물고 있다는 것은 실망이다. 교인 수의 70%가 여성임에도 교회 내에서 여성의 활동 공간이 부엌으로 한정되는 현실은 아픔이다. 신학대학에서 같은 기준으로 함께 공부했음에도, 안수와 청빙에서 성차별이 존재한다는 것은 몰상식이다. 또한, 목회자들이 공개적으로 여성비하적 발언을 서슴지 않고 있으며, 교회 내에 성폭력이 존재한다는 사실 자체가 수치다. 성경에 기초하여 기독교의 근본을 수호하자는 것이 근본주의의 핵심이라면, 또 근본주의가 정말 근본에 충실한 그룹이 되길 원한다면, 예수께서 여성을 대하셨던 성경의 기록부터 다시 읽어야 할 것이다.

(3) 성(性)과 근본주의

최근 한국교회에서 뜨거운 감자로 부상하는 윤리적 문제는 동성애다. 잘 알려진 것처럼, 동성애는 미국교회에서 오랫동안 핵심적인 윤리적 이슈로 다루어져 왔으나, 한국교회에서는 "시기상조"나 "동떨어진 남의 이야기" 정도로 취급됐다. 하지만, 1990년대부터 성적 소수자들의 모임이 결성되고, 유명 연예인들의 커밍아웃이 이어지고, 성적 소수자들을 위한 법률들이 제정되면서, 한국교회 내에서도 이 문제에 대한 다양한 목소리들이 들려오기 시작했다. 이런 변화 이면에는 미국교회의 영향도 배제할 수 없다. 물론, 진보 진영에선 성적 소수자들의 문제를 인권적 측면에서 접근하며 관용적 태도를 보이기도 하지만, 이 문제에 대한 한국교회의 일반적 입장은 대단히 부정적이다. 이것은 미국 근본주의자들의 전통적 태도와 차이가 없다.

대체로, 한국교회는 동성애를 '죄'로 규정한다. 동성애를 죄로 규정하는 다양한 이유가 있다. 먼저, 동성애는 성경적으로 절대 용납할 수 없는 죄라는 것이다. 구약의 창조기사 및 신약의 바울서신을 고려할 때, 동성애는 하나님의 창조질서를 훼손하는 수치스런 종교적 죄다. 2003년 4월 7일, 한국기독교총연합회는 동성애에 대한 자신의 견해를 발표했는데, 그 핵심내용이 "동성애가 소돔과 고모라의 유황불 심판에 결정적인 역할을 했으며 가정붕괴의 원인이고 에이즈 등 사회문제를 일으키는 주범이다"는 것이었다. 2007년 10월 2일에 입법부가 차별금지법에 들어 있는 '성적지향'(동성애, 이성애, 양성애) 문구를 삭제하라고 권고했을 때, 의회선교연합은 "동성애는 윤리도덕에 어긋나는 성적행위로써 결코 용납될 수 없는 사회악이다"라고 자신의 태도를 천명했다.[73] 둘째, 동성애가 선천적인 성적 성향이라는 주장에 대해선 "터무니 없는 헛소리"라고 무시한다. 미국의 대표적 근본주의자인 찰스 콜슨의 책을 인용하여, "미국의 많은 과학자의 후속 연구 그 어디에도 '게이 유전자'는 나타나지 않았다고 주장한다. 그만큼 선천적인 특성을 강조할 이유가 없다는 지적이다"라고 주장하는 목소리가 있는가 하면,[74] 동성애를 선천적 현상으로 주장하는 이들을 향해 "저는 그런 질문이 참으로 어리석다고 생각합니다. 선천적으로 타고났다고 해서 그것이 인정되어야 하는 것은 아니기 때문입니다. 본성이 그렇다 하더라도 그것을 억제하고 조절할 수 있는 것이 사람인 것입니다"라고 반박하는 목소리도 강하다.[75] 셋째, 동성애는 궁극적으로 창조질서를 해체하며, 가정과 인류의 멸망을 가져올 것이라고 경고한다. 법무부의 '차별금지법안'에 강력

---

73) 이승규, "동성애차별금지법, 일부교계반발," 「뉴스앤조이」 (2007년 10월 22일).
74) 권성권, "동성애가 '선천적인 특성'에 의해 일어나고 있다?" 「뉴스앤조이」 (2009년 11월 2일).
75) 안희환, "아들이나 딸이 동성애를 해도 좋다고 할까?" 「뉴스앤조이」 (2007년 10월 26일).

히 반대했던 전용태 변호사(법무법인 로고스)는 동성애의 부정적 영향에 대해 다음과 같이 강력한 어조로 지적했다.

> 동성애자를 보호할 필요가 있다. 동성애자라는 이유로 고용이 거절된다면 차라리 동성애자고용촉진법을 만드는 것을 생각할 수 있다. 동성애를 인권으로 본다면 죄짓는 것도 인권으로 봐야 하느냐. 인권은 법 이전에 가지는 기본권이지만 사회 공동생활을 위하여 이 기본권도 제한을 받아야 한다. 소수자의 동성애를 침범할 수 없는 인권으로 보면 안 된다. 소수자의 동성애를 인권이라 하여 법으로 보장한다면 국가의 장래는 암담해지고 역사가 증명하는 것처럼 국가와 사회는 멸망할 것이다.[76]

동성애에 대한 비판은 한국교회의 다양한 영역에서 때로는 개인적으로, 때로는 조직적으로 진행되고 있으며, 이 문제는 단지 개인의 성적 취향의 차원을 넘어, 사회의 다양한 현상과 영역으로 그 여파가 확장되고 있다. 예를 들면, 한국

---

76) 이승규, "동성애 차별은 안되지만 나쁘다고 말해야 한다"「뉴스앤조이」 (2007년 11월 2일).

보수기독교회를 대표하는 한국기독교총연합회는 동성애 문제에 대해 다양한 방식으로 저항해 왔다. 경상대의 백종국 교수가 말한 바로는, 그동안 한기총은 신문과 방송을 통해 자신들의 태도를 밝혀 왔는데, 보도내용의 53.88%가 정치분야에, 12.24%가 사회문화적 관점에 관한 것이었다. 백 교수는 "다빈치코드 상영, 단군상, 도올 특강, 동성애, 붉은 악마, 성전환, 양심적 병역거부, 베아줄기세포 등 많은 사회적 논쟁에서 한기총은 한국교회를 대표하여 지극히 보수적인 태도를 끊임없이 개진하고 있다"고 평가했다.[77] 한편, 2005년 8월 29일, 미국 뉴올리언스에서 카트리나 허리케인 대참사가 발생했을 때, 한국교회의 보수주의를 대표하는 금란교회 김홍도 목사는 이런 대재앙이 동성애의 결과라고 설교했다. 그는 미국의 대표적인 근본주의 목사 팻 로버트슨의 말을 인용하며, 다음과 같이 자신의 견해를 표명했다. "여러분, 놀라지 마세요. 이번에 뉴올리언스에서 몰아닥친 카트리나 허리케인도 수천 명이 죽고 백 조 원 이상 재산피해를 가져온 것

---

77) 백종국, "'한기총'식 정치와 한국교회의 미래" 「뉴스앤조이」 (2007년 7월 6일).

도 바로 동성연애 호모섹스에 대한 심판이라고 합니다."[78] 뿐만 아니라, 최근 WCC총회가 2013년 부산에서 개최되기로 결정되었을 때, 한국의 보수교단들은 일제히 반대의 목소리를 높였다. 이때, 그들이 WCC총회 개최를 반대한 주요 이유 중 하나가 바로 WCC가 동성애를 인정하는 단체라는 것이다. 특히, 한기총 대표회장 선거과정에서 이 문제가 주요쟁점으로 부상했다. 당시 예장(통합) 측을 대표하여 출마한 이광선 목사는 총회개최를 적극적으로 찬성했지만, 예장(합동) 소속의 홍재철 목사는 "WCC는 개혁주의 신앙과 정반대가 되는 비복음적 정치단체이며, 무당의 신굿을 성령강림인 것처럼 선전하고 동성애자들의 모임을 교회로 인정하는 등 비성경적 비기독교적 비교회 운동을 전개해 왔다"며 강력히 반대했다.[79] 이처럼, 동성애는 한국교회 연합의 아킬레스건으로 작용하는 것이다.

최근에 동성애문제는 성전환문제와 관련하여 더욱 복잡하게 진화하고 있다. 성전환문제에 대한 교계의 의견은 2006년

---

[78] 김홍도 목사의 설교 중, 카트리나 관련 부분의 전문이 「뉴스앤조이」 홈페이지에서 확인할 수 있다. http://www.newsnjoy.co.kr/news/articlePrint.html?idxno=13143
[79] 노충현, "WCC 부산총회 거부한다" 『기독신문』 (2009년 12월 8일).

6월 22일에 대법원이 성전환자의 호적상 성별전환을 허용하는 결정을 내렸을 때, 일관되고 분명하게 드러났다. 이런 결정이 발표되자, 한국보수교회는 발칵 뒤집혔다. 교계의 각 영역에서 이런 결정을 성토하는 성명서, 기자회견 등이 잇달았다. 한국기독교총연합회, 한국기독교교회협의회, 한국교회언론회, 한국가정상담소, 심지어 한국천주교주교회의 등에서 법원의 결정을 강력히 반대하는 발표가 이어졌다. 이들은 성전환자의 인권은 교회가 인정할 수 있으나, 성전환행위 자체는 절대 용납할 수 없다는 뜻을 공유했다. 당시 교회의 입장은 한기총 총무 박영율 목사가 작성한 문건에서 일목요연하게 확인할 수 있다. 그는 국가가 이 문제에 대해 결정을 내릴 때, 더욱 신중해야 할 이유를 여섯 가지로 정리했다. 첫째, 창조질서의 훼손을 가져오며 심각한 문제를 일으킨다. 둘째, 성전환수술을 한다고 해서 인간의 성을 결정하는 X, Y의 염색체는 변하지 않는다. 셋째, 성의 정체성에 대해 심각한 문제를 일으킬 수 있다. 넷째, 동성연애를 부추길 내면성이 있고, 사회질서를 혼란 시킬 뿐 아니라, 후천성 면역결핍증 같은 무서운 질병을 퍼뜨릴 가능성이 크다. 다섯째, 국민의 의무인 병역을 피하는 수단으로 악용될 수도 있다. 여섯

째, 이들은 정신적, 심리적 치료가 필요하며, 생각을 바꾸어서 정상적인 사회활동을 하도록 도와주어야 한다.[80]

결국, 한국교회는 동성애와 성전환문제를 같은 논리와 시각에서 이해하고 있음을 알 수 있다. 생각해볼 가치도 없는 흉악한 죄라는 것이다. 물론, 성적 타락이 범람하고, 이로 말미암은 사회적 문제 또한 심각하며, 무엇보다 기독교의 전통적 시각에서 이 문제를 용납하는 것은 대단히 어려운 일이다. 이 점에서 이 문제에 대한 근본주의자들의 단호한 태도를 충분히 이해하고, 일정부분 동의할 수 있다. 그러나 한편으로, 이런 뜨거운 담론 속에서 정작 당사자들의 설 자리는 없다. 동성애와 성전환에 대한 사회적 태도가 극단적 혐오와 반대로 점철된 시대에 그렇게 살 수밖에 없는 사람들에 대한 최소한의 연민이나 이해의 노력조차 보이지 않기 때문이다. 간음한 처녀에 대한 예수님의 태도를 성경에서 읽었음에도, 성적 소수자들에 대한 교회의 태도는 너무 가혹하고 일방적이다. 동시에, 정작 한국사회의 성적 타락과 문제의 주범은 소수 동성애자가 아닌, 성적으로 멀쩡한 이성애자들이다. 또한,

---

80) 박영률, "성 전환자의 호적변경 움직임 유감"(한기총 홈페이지 자료실에 올린 글, 2002년 7월 4일).

한국의 가정이 파괴되는 주된 이유도 동성애의 범람이 아닌, 무책임한 이성애자들의 이혼 때문이다. 따라서 소수 동성애자에게 비판의 칼날을 휘두르기 전, 이성애자들에 의해 자행되는 온갖 종류의 성폭력, 특히 최근에 급증하는 아동 성폭력에 교회의 관심이 더 절실히 필요한 것은 아닐까? 교회의 관심과 노력이 좀 더 포괄적이고 균형을 이루었으면 좋겠다.

(4) 생명과 근본주의

미국의 경우, 낙태문제는 진보와 보수를 구분하는 가장 분명한 리트머스시험지다. 근본주의자들을 중심으로 구성된 기독교 우파는 공화당과 연계하여, 동성애반대운동과 더불어 낙태반대운동을 강력하게 전개해 왔다. 사실, 낙태문제는 개신교보다 천주교가 먼저 신학적·사회적 운동으로 미국의 여론을 주도해 왔지만, 근본주의 기독교인들도 1973년에 미국 대법원이 산모의 요청에 의한 낙태를 합법화하자, 이 문제에 본격적으로 뛰어들었다. 이후 낙태문제는 근본주의자들의 신앙적 정체성을 규정하는 핵심적 이슈로 자리매김해 왔다.

반면, 한국에서는 낙태문제가 핵심적 이슈로 드러나지 못했다. 아마도 한국전쟁 이후 극심한 경제적 궁핍과 국가적 차원의 산아제한운동 속에서, 한국교회가 공개적으로 낙태반대운동을 전개하는 것이 현실적으로 어려웠을 것이다. 하지만, 최근에 들어 한국교회 내에서도 낙태를 반대하는 움직임이 점차 조직적으로 전개되기 시작했다. 낙태반대운동을 목적으로 구성된 '낙태반대운동연합' 외에도, 기독교윤리실천운동과 성산생명의료윤리연구소 같은 사설단체들, 그리고 한기총 같은 거대한 기구들이 힘을 모아 낙태반대운동을 지속적이고 강력하게 전개하고 있다.

낙태반대운동을 전개하는 이들의 핵심적 주장은 몇 가지로 정리될 수 있다. 먼저, 이들은 낙태를 살인으로 규정한다. 이들은 인간생명의 시작이 "성인과 같은 염색체로 구성되어 스스로 자궁으로 이동 착상하여 모태로부터 영양분만을 공급받아 태아로 자라나는 수정란"이라고 정의한다.[81] 이것은 예수, 세례 요한, 야곱과 에서처럼, 태아를 생명으로 인정한 성경의 입장과 일치하는 것이다. 생명에 대한 이런 전제하

---

81) 이것은 2006년 7월 18일에 개최된 '한기총 21세기 크리스챤연구원 제13차 세미나'에서, 이형국 박사(한림대 법학부 석좌교수)가 내린 정의다. 이민애, "한기총 '낙태는 엄연한 살인행위, 규제 있어야," 『크리스천투데이』(2006년 7월 19일).

에, 낙태반대론자들은 생명을 함부로 다루는 낙태행위는 "매우 교만한 것이며 하나님 앞에 범죄를 저지르는 행위"라고 단호히 정죄한다.[82]

둘째, 낙태반대론자들은 한국의 심각한 낙태현실을 지적하고, 낙태와 관련된 부정적 측면들을 날카롭게 지적한다. 이들이 제시한 자료들을 보면, 연간 34만 건의 낙태시술이 행해지고 있으며,[83] 1994년 갤럽의 조사에 의하면, "한국에서 1년에 150만 명, 하루 4천여 명, 20초에 한 명의 태아가 낙태된다"고 한다.[84] 그 결과, OECD 가입국 중 우리나라의 출산율이 가장 저조하고, "남녀성비 또한 123:100에 이르고, 특히 셋째 아이의 성비는 200:100에 이르는 불균형을 가져오고 있다."[85] 이런 통계가 보여주듯, 엄청난 수의 낙태시술은 무고한 생명을 파괴하고, 출산율을 극도로 저하 시키는 수준에

---

82) 사설, "낙태는 하나님에 대한 범죄행위," 『크리스천투데이』 (2008년 2월 25일).
83) 이대웅, "복지부 낙태 허용확대 방침, 종교계 반발," 『크리스천투데이』 (2008년 2월 19일).
84) 류재광, "잘못된 성의식의 시대, '생명을 사랑합시다'," 『크리스천투데이』 (2004년 9월 23일).
85) 박상미, "낙태 … 그리고 예수의 성육신," 『크리스천투데이』 (2004년 10월 7일).

머물지 않는다. 더욱 심각한 문제는 무분별한 낙태시술을 통해, 생명경시 풍조가 만연하게 되며, 태아뿐만 아니라 산모에게도 심각한 의학적 문제를 일으킨다는 점이다. 무분별한 성윤리와 무책임한 성행위의 확산으로 낙태시술이 급증하고, 이런 현실이 결국 생명 자체를 경시하는 풍조를 양산하는 악순환이 이어진다는 것이다.[86]

끝으로, 이런 문제인식 하에, 낙태반대론자들은 다양한 대책을 제시하고 있다. 이들은 낙태를 예방하기 위해, 청소년을 포함한 일반시민을 대상으로 혼전성관계, 콘돔 및 피임기구 사용법, 낙태 후유증, 생명의 가치 등을 포함한 성교육을 시행하고, 현직교사와 사회복지관련단체 상담자들을 대상으로 낙태예방 전문교육 프로그램을 진행하고 있다. 그뿐만 아니라, 낙태의 법적 근거를 제공하는 모자보건법 개정운동을 조직적으로 전개하고 있다. 특히, 2008년 2월에 보건복지부가 모자보건법 14조를 개정하여 태아에 이상이 있거나

---

86) 한편, 낙태반대운동연합의 김현철 목사는 "낙태라는 사건만의 문제가 아니라, 자신의 편의를 위해서라면 불편요소를 제거하는 것이 좋다는 낙태형 사고방식(abortion mentality)이 문제"라고 지적했다. 이대웅, "고통에도 끝까지 포기 않는 것이 진정 '존엄한 죽음',"『크리스천투데이』(2009년 5월 12일).

산모가 요청하는 경우에 낙태를 허용하려 하자, 보수 기독교인들이 연대하여 강력하게 반발했다.[87]

생명을 보호하려는 근본주의자들의 강력한 투쟁은 낙태문제에 한정되지 않는다. 2005년 황우석 박사 사태를 전후로, 배아줄기세포에 대한 논쟁이 한국사회 전반에서 뜨겁게 전개되자, 한국의 보수적 기독교인들은 황박사를 중심으로 진행된 배아줄기세포연구를 인간생명 파괴행위로 규정하며 반대했다. 이들이 배아줄기세포연구를 반대했던 이유는 낙태를 반대할 때와 대동소이하다. 즉, 2005년 10월 13일, 한기총은 배아줄기세포연구에 대한 자신의 태도를 공식적으로 발표했는데, 한기총은 이 성명에서 "인간생명의 시작이 수정되는 때부터라는 성경의 입장에 근거해서 모든 인간의 수정란과 인간배아를 존중하고 보호할 것을 강력히 촉구한다"고 자신의 뜻을 분명히 천명했다.[88] 같은 입장에서, 총신대 이상원 교수는 배아가 작은 아기이기 때문에, 배아를 희생시킬 수밖에 없는 배아줄기세포연구는 "엽기적인 살인행위"라고 비판했으

---

87) 이대웅, "복지부 낙태 허용확대 방침, 종교계 반발," 『크리스천투데이』 (2008년 2월 19일).
88) 김대원, "최성규 대표회장 '성체줄기세포 연구 전폭적 지원,'" 『크리스천투데이』 (2005년 10월 14일).

며,89) 동덕여대 손봉호 총장도 "배아줄기세포연구는 살인"이라고 강조했고,90) 숭실대 김영한 교수도 복제배아 줄기세포 배양이란 "현대판 바벨탑 사건"이라고 엄중히 경고했다.91)

생명에 대한 성경적 해석 외에도, 이들이 배아줄기세포연구를 반대한 이유는 매우 다양하며, 나름의 분명한 논리와 근거를 지니고 있다. 예를 들면, 난치병 치유를 목적으로 작은 생명을 파괴하는 것, 연구를 목적으로 동물의 난자에 사람의 체세포 핵을 이식하는 이종교잡은 비윤리적인 행위라고 강력히 비판한다. 또한, 아직 명백한 성과를 제시하지 못한 상태에서 마치 만병통치약을 개발할 수 있는 것처럼 선전하는 것은 불치병환자들에게 헛된 희망을 불어 넣는 기만적 행위라는 것이다. 그뿐만 아니라, 배아줄기세포 연구가 활성화되면, 부익부 빈익빈 현상이 발생하여, 돈 있는 사람만 혜택 받는 부정적 현상이 노골화될 것이라는 지적도 있다.92)

이처럼 배아줄기세포 연구를 혹독하게 비판하는 사람들은

---

89) 박종배, "이상원 교수 '배아줄기세포 연구는 엽기적 살인," 『크리스천투데이』 (2006년 1월 11일).
90) 김대원, "손봉호 총장 '배아줄기세포연구는 살인," 『크리스천투데이』 (2005년 11월 12일).
91) Ibid.
92) Ibid.

성체줄기세포 연구를 현실적인 대안으로 제시한다. 사실, 성체줄기세포에 대한 지지는 천주교 쪽에서 먼저 제시했다. 단순한 지지표명의 차원을 넘어, 막대한 액수의 재정적 지원까지 이루어지는 상태다. 시기적으로 천주교보다는 늦었지만, 개신교 보수진영에서도 다양한 방식으로 성체줄기세포 연구에 대한 지지를 표명했다. 이들이 성체줄기세포를 대안으로 강력히 추천하는 이유는 기본적으로 이 방식이 생명윤리문제를 피해갈 수 있으며, 현실적으로도 상당한 수준의 연구성과를 내고 있기 때문이다. 즉, 수정란에서 채취하는 배아줄기세포와는 달리, 성체줄기세포는 사람의 피부나 골수, 제대혈(탯줄혈액), 태반 등에서 추출하기 때문에 윤리적 논쟁을 가져올 이유가 없다. 한편, 200여 개 이상 응용이 가능한 배아줄기세포에 비해, 성체줄기세포는 4개 안팎으로 응용이 제한적이다. 하지만, 안정성이 뛰어나며, 이미 65종 이상의 병을 치료한 사례가 있기 때문에, 한기총, 배아복제를 반대하는 과학자모임, 기독교윤리실천운동, 한국복음주의협의회, 기독교생명윤리위원회, 성산생명의료윤리연구소, 한국누가회, 낙태반대운동연합 등이 성체줄기세포연구를 한 목소리로 지지하고 있다.

끝으로, 배아줄기세포연구를 반대하는 사람들은 신학/윤리학적 입장에서 반대를 천명하고, 성체줄기세포를 대안으로 제시할 뿐만 아니라, 정부를 상대로 정치적 압력을 행사하고 있다. 기본적으로, 한기총을 포함한 8개 교계 단체들은 2006년 5월, 정부가 발표한 '범부처 줄기세포연구 종합 추진계획'에 강력히 반대하는 공동성명을 발표했다.93) 기윤실은 2006년 3월 11일, 대학로 파랑새 극장 앞에서 배아복제 연구 재개 반대 및 배아보호법 제정을 촉구하는 캠페인을 펼쳤다.94) 배아복제를 반대하는 과학자모임은 2009년 5월 5일, 국가생명윤리위원회가 승인한 체세포복제 배아줄기세포연구에 대해 반대하는 성명을 발표했다. 또한, 한기총 신학연구위원회가 2005년 10월 7일에 개최한 '줄기세포 연구에 대한 한국교회의 입장' 세미나에서, 한국형사정책연구원의 신동일 박사는 배아복제 연구를 허용하는 '생명윤리 및 안전에 관한 법률'이 위헌적 요소가 있으며, 이 법률의 중요사항을 결정하는 '국가생명윤리심의위원회' 조직구성 자체에 문제

---

93) 김대원, "또 배아줄기세포? 이번엔 이종교잡까지," 『크리스천투데이』 (2006년 5월 20일).
94) 박상미, "기윤실, 대학로서 생명윤리 캠페인 펼쳐," 『크리스천투데이』 (2006년 3월 13일).

가 있다고 지적했다.[95]

이처럼 최근에 들어, 한국 보수기독교는 생명윤리와 관련된 뜨거운 감자들에 대해 자신의 태도를 적극적/조직적으로 표현하고 있다. 이것은 한국교회가 급변하는 주변문화 속에서 자신에게 주어진 책임을 진지하게 수행하는 과정에서 발생한 현상이다. 타락한 욕망의 폭력 속에 삶의 토대인 성윤리가 붕괴하고, 시장논리와 학문적 오만의 결합 속에 과학이 무한질주를 거듭할 때, 한국교회는 보수의 요새가 될 수밖에 없었다. 하지만, 생사를 건 치열한 전선에선, 아군과 적군만이 존재하고, 전투 자체에 대한 객관적 판단은 부재한다. 결국, 싸움의 이유는 망각한 채, 싸움을 위한 싸움으로 변질하는 것이다. 생명을 보호하겠다는 낙태반대운동이 산모의 산목숨에는 충분한 관심을 보이지 못하고, 생명의 존엄을 보존하겠다는 배아줄기세포연구반대운동이 종족살해와 인류멸종을 저지하려는 반전운동과 환경운동으로 연결되지 못한 것은 아쉬움으로 남는다.

---

95) 김대원, "한기총, '배아줄기세포, 성체줄기세포 연구로 대체해야," 『크리스천투데이』 (2005년 10월 8일).

3. 사회적 근본주의

(1) 정치와 근본주의

전통적으로 묵시적 종말론에 근거하여 정치에 무관심했던 미국 근본주의는 1970년대를 기점으로 미국 정치의 뜨거운 감자로 부상하기 시작했다. 그들은 유대인들을 축으로 한 네오콘과 더불어 미국의 정치적 보수주의를 주도하는 강력한 정치세력으로 맹위를 떨치고 있다. 이런 미국 근본주의처럼 한국의 근본주의도 최근 강력한 정치세력으로 주목받고 있다.[96] 한국 개신교가 보수적 정치세력으로 한국 정치계에 영향력을 행사하게 된 과정을 몇 단계로 나누어 살펴볼 수 있다.

먼저, 한국전쟁을 전후로 한국의 개신교가 반공주의 첨병으로 떠오르게 되었다. 앞에서 언급했듯이, 해방 전 한국기독교의 70-80%를 차지하고 있던 북한의 기독교인들은 해방과 함께 북한을 점령한 공산당과 첨예한 갈등관계를 형성하게 되었고, 한국전쟁을 전후로 대거 남하했다. 그들 중 일부는 기독교를 반대하는 공산주의의 무신론적 유물론에 저항

---

[96] 한국보수기독교의 정치활동에 대한 탁월한 논문으로 이수인, "개신교 보수분파의 정치적 행위," 『경제와 사회』 2004년 겨울호(통권 제64호): 265-99가 있다.

하여, 일부는 토지개혁을 통한 경제적 손실 때문에, 어떤 이들은 이런 이유가 중첩되면서 북한을 떠났고, 이후 공산주의에 대한 극도의 반감을 갖게 되었다. 이들은 남한에서 반공주의 첨병으로 기능을 하게 되었고, 그들의 반공사상은 반공을 국시로 내건 군부독재 세력과 밀월관계를 형성하는 결정적 요인으로 작용했다. 또한, 군부독재의 파행적 통치에 대해 묵인하거나 혹은 간접적으로 옹호하는 기능도 수행했다.[97] 1970년대에 들어 일부 진보적 기독교인들이 독재정권에 반대하는 모습을 보이기도 했으나, 반공에 대한 기본적 입장에는 보수와 진보 사이에 큰 차이가 없었다. 하지만, 1988년에 한국기독교교회협의회KNCC가 "민족의 통일과 평화에 대한 한국기독교회 선언"을 발표하며 북한에 대해 전향적 태도를 보이자, 한국의 개신교 그룹은 분열되기 시작했다. 이에 대한 보수 측의 대응으로 1989년 12월 28일에 한국기독교총연합회한기총가 결성되었다. 이런 분열 속에서도 반공의 기수로서 개신교가 담당하는 기본적인 역할과 위치에는 큰

---

[97] 한국교회와 반공주의 간의 밀월관계에 대해, 김진구, "한국개신교와 친미반공 이데올로기," 『아웃사이더』 12호를 참조하시오.

변화가 없었다.98) 금란교회 김홍도 목사가 2003년 3월, 『월간조선』과의 인터뷰에서 한 다음 발언은 현재 한국 개신교와 반공주의 간의 명백한 운명을 적나라하게 보여준다.

> 노태우 대통령 후반기부터 10년이 넘도록 우리나라에서 반공교육이 이뤄지지 않고 있습니다. 지난 5년 동안 미전향 간첩까지 북한으로 보냈습니다. 북한은 기를 쓰고 적화공작을 하는데 대한민국은 반공교육을 안 하고 있습니다. 친공적인 좌경교사들이 학생들에게 미국에 대한 적개심을 불어 넣고, 북한을 좋아하도록 세뇌공작을 계속하고 있습니다. 김정일 정권은 사탄의 정권입니다. 무신론 사상으로 하나님 대적하고 교회를 파괴했습니다. 사탄의 정권이 빨리 무너져야 합니다.99)

직접적인 정치참여를 자제해 왔던 보수적 개신교는 진보진영에 대항하기 위해 조직을 정비하면서, 한국 정치판에 적극적으로 뛰어들기 시작했다. 그 신호탄은 앞에서 언급한 한

---
98) 강인철, 『한국의 개신교와 반공주의』, 57-93.
99) Ibid., 17에서 재인용.

국기독교총연합회한기총의 창립이었다. 한기총은 창립 취지문에서 "바라기는 모든 개신교 교단과 개신교 연합단체 및 교계 지도자들이 한국기독교총연합회에 참여하여 연합과 일치를 이루어 교회 본연의 사명을 다하는 데 일체가 될 것을 다짐한다"고 밝혔으나, 이후 국내외 정치의 민감한 사안에 대해 자신들의 입장을 발표하며, 특히 대선과 사학법개정 등에 대해 적극적으로 반대의 견해를 표명하고 시위를 주도함으로써, 보수 기독교의 정치활동을 주도했다.[100] 한기총 외에도 2004년에는 한국기독당이 조직되어 총선에 참여했다. 하지만, 기독당은 "지역구에서 모두 참패하고 정당 투표에서도 1.1퍼센트인 228,798표를 얻는데 그쳐 단 한 명의 당선자도 내지 못했다."[101] 이 기독당은 2007년 대선을 앞두고 '기독민주당'으로 재건되었고, 청교도영성훈련원의 전광훈 목사가 조직한 "사랑실천당"과 합당하여 '기독사랑실천당'으로 재조직되고 나서, 2008년 4월 총선에 참여했다. 그뿐만 아니라, 2004년 총선 이후 참여정부와 열린우리당의 이념노선에 반대하는 보수적 인사 중 40대의 젊은 인사들을 중심으로

---

100) 김지방, 『정치교회』 (서울: 교양인, 2007), 158-86.
101) Ibid., 207-22.

"뉴라이트" 운동이 시작되었고, 이 운동에서 기독교가 중요한 축을 담당했다. 특히, 김진홍 목사 주도 하에 '뉴라이트전국연합'이, 서경석 목사를 축으로 '기독교사회책임'이 출범함으로써, 기독교적 뉴라이트 그룹이 구체적으로 형성되었다. 이들은 예전에 반독재투쟁 경험을 공유하고 있으나, 기본적으로 자유민주주의와 자본주의 이념을 신봉하며, 근본주의적 정치이념을 확고히 견지하고 있다.[102]

한국 개신교는 2007년 대선에서 이명박 후보를 전폭적으로 지지하며 한국 정치의 중심부로 화려하게 입성했다. 이명박 후보가 개신교 장로라는 신분에 주목하면서, 대부분의 한국 개신교와 신자들은 '장로 대통령 만들기 프로젝트'에 온 힘을 쏟았다. 이명박 후보는 선거기간 내내 전국의 주요 교회들을 방문하여 자신의 신앙을 간증함으로써, 교회와 교인들을 자신의 주요 표밭으로 확보하는 데 성공했고, 그 결과 "간증 정치"라는 신조어를 만들어 내기도 했다. 한기총과 뉴라이트, 그리고 전국의 기독교인들은 그에게 절대적 지지를 공개적·비공개적으로 표현했으며, 교회 강단마다 이명박 후보

---

102) Ibid., 190-91.

에 대한 지지를 호소하는 설교가 조직적으로 행해졌다. 극소수의 진보그룹을 제외하고, 한국교회 전체가 교파를 초월해 당시의 노무현 정권을 친북, 친공, 반미, 좌파세력으로 규정하고, 이명박 후보의 당선을 웅변적으로 호소했다. 금란교회 김홍도 목사의 설교는 당시 상황을 대변해 준다.

> 하나님의 백성이 내밀 수 있는 최후의 카드는 금식 기도입니다. 전자 개표기 조작이나 부정선거를 통해서나 친북, 친공, 반미, 좌파 세력이 정권을 잡아 적화 통일을 획책하지 못하게 해야 하겠습니다. 친북 좌파 세력은 이명박 씨를 대선에 못 나오게 하고 다음에는 박근혜 씨를 잡으려 들 것입니다. 기왕이면 예수님 잘 믿는 장로가 되기를 기도해야겠고, 아니면 박근혜 씨라도 되도록 기도해야겠습니다. 이 위기를 맞이하여 '구국금식기도'를 선포하는 바입니다. 3일이 어려우면 하루라도, 아니면 하루 한두 때씩이라도 금식하여 붉은 용(좌파)의 세력이 이 땅을 짓밟지 못하게 해야겠습니다. … 적화통일 되어 공산치하에서 신앙생활 못할 바에는 죽는 것이 더 나을 것입니다. 할렐루야![103]

---

103) Ibid., 110-11.

최근에 한국 보수교회들은 세종시 수정안과 4대강 개발 문제에 대해 친정부적 입장을 공개적으로 천명함으로써, 다시 한번 자신과 보수정권 간의 밀월관계를 확고히 했다. 이 문제는 보수여당 대 진보야당 간의 정치적 갈등의 핵이었을 뿐만 아니라, 대다수 종교단체가 강력하게 반대한 민감한 사안이었다. 특히, 이 문제들을 처리하는 과정에서 정부가 여론을 무시한 채 일방적으로 사업을 강행함으로써, 대화와 소통이 부재한 독재정권이라는 비판에 직면했다. 2010년 6.2 지방선거에서 국민은 여당에 참패를 안겨줌으로써, 정부의 독선적 태도에 대해 강력한 제동을 걸었다. 그런데 진보적 기독교 단체들뿐만 아니라, 대다수의 종단이 정부에 대해 반대성명을 연속적으로 발표하는 상황에서, 한기총과 보수 기독교 지도자들은 정부의 태도를 강력히 지지하는 성명을 발표했다. 예를 들면, NCCK의 권오성 총무는 지방선거 직후에 논평을 내고, "이번 선거 결과에 나타난 뜻을 고려해 4대강 사업, 세종시 건설, 남북 관계 등을 정부 주도 일변도로 강행하지 말고, 앞으로 국민의 다양한 의견을 수렴하는 절차를

밟아 나가야 할 것"이라고 자신의 뜻을 밝혔다.[104] 또한 기장 목회자 1천 명은 성명을 발표하고, 이명박 대통령을 향해 "창조세계를 보전하는 청지기가 되십시오. 국민 대다수가 반대하지만 '4대강 살리기'라고 이름만 바꾸어 추진하는 한반도 대운하 사업을 즉각 중단하십시오"라고 공개적으로 요청했다.[105] 하지만, 기독교사회책임의 공동대표인 서경석 목사는 지방선거 결과에 대한 논평에서, 이명박 정부가 소통작업에 실패했다고 비판했다. 그러나 그는 기본적으로 "이명박 정부의 국정방향은 옳다고 생각한다"고 전제하고, 대북정책, 세종시 수정론, 4대강 사업, 그리고 경제정책은 큰 문제 없이 잘하고 있다며, 현 정권을 향해 변하지 않는 애정과 신뢰를 보였다.[106] 이런 태도는 한기총을 통해 더욱 조직적으로 유지되고 있다. 2010년 5월 25일, 한기총은 정부의 4대강 사업을 적극적으로 지지한다는 성명을 발표했다. 물론, 정부를 향해 국민의 소리에 귀를 기울이고 적극적으로 소통할 것,

---

104) 김진영, "권오성 총무 '지방선거, 소통 않는 정부에 대한 경고,"『크리스천투데이』(2010년 6월 5일).
105) 송경호, "기장 목회자 1천여 명 성명 발표, 한기총 성명과 대치,"『크리스천투데이』(2009년 6월 17일).
106) 이대웅, "서경석 목사 '대통령에게 가장 큰 책임이 있다,"『크리스천투데이』(2010년 6월 7일).

4대강 살리기 사업을 정쟁의 도구로 삼지 말 것 등을 요청하기도 했지만, 기본적으로 "(4대강 사업을) 지금 중단하면 엄청난 생태학적 환경파괴가 예상된다"며, "이대로 진행하는 것을 지지한다"고 선언했다. 동시에 4대강 사업에 대한 정보를 소속 교단 및 교회에 적극적으로 알리고, 이와 관련된 집회도 계획 중이라고 밝혔다.[107] 이런 성명서는 현 정부와 한기총 간의 밀월관계를 단적으로 확인할 수 있는 대목이다. 부시 정권의 정책을 일방적으로 지지했던 미국 근본주의 모습과 참 많이 닮았다.

(2) 경제와 근본주의

미국 근본주의자들은 자본주의적 시장경제를 옹호하는 공화당과 밀접한 동맹관계를 유지하고 있다. 그들은 자신들의 보수신앙 및 윤리 외에 애국주의와 자본주의적 시장경제를 배타적으로 지지함으로써, 공화당의 든든한 정신적·정치적 후원세력이 되고 있다. 현재 미국 근본주의의 이런 성향은 한국 개신교 내에서도 유사하게 재현되고 있다. 국민일보의

---

107) 김진영, "4대강 사업 중단은 또 다른 환경파괴일 뿐," 『크리스천투데이』 (2010년 5월 25일).

김지방 기자의 분석대로, 해방 이후 반공주의로 무장한 한국 개신교인들은 반공주의를 단순한 정치 이념의 차원을 넘어 자신들 신앙의 일부로 자연스럽게 수용하면서, 친 자본주의적 성향을 강하게 띠게 되었다. 한국의 보수적 기독교인들에게 반공주의처럼 자본주의는 "단순한 경제 시스템이 아니라 신앙적인 차원의 선택으로 인식됐다."[108]

그러나 한국 교회와 자본주의의 관계는 한국전쟁을 거치면서 왜곡된 형태로 발전하게 되었다. 목원대 김흥수 교수의 분석을 따르면, 한국전쟁을 통해 정신적·물질적으로 황폐해진 한국사회에 미국의 원조물자가 유입되고, 용문산의 나운몽 장로를 필두로 한 부흥운동이 전국적으로 확산하면서 한국교회에 물질주의적 기복주의 신앙이 확산하였다. 평소 청빈을 신앙의 덕으로 실천하며 빈곤을 영성의 토대로 적극적으로 수용했던 목회자들이 국외원조물자의 에이전트 역할을 하면서 자본의 단물을 맛본 결과, 순수한 신앙이 변질하기 시작했다. 또 영적 각성과 삶의 윤리적 변화를 추구하던 전통적 부흥운동이 물질적 보상을 축복의 현실적 내용으로 전

---

[108] 김지방, 32-3.

파하기 시작하면서, 한국교회 신앙의 본질이 왜곡되기 시작했다.[109] 이렇게 형성된 물질주의적 기복신앙은 1970-80년대를 거치면서, 새마을운동과 경제개발계획으로 대표되는 급속한 경제성장과 여의도순복음교회를 통해 상징되는 오순절운동의 급속한 확산, 그리고 미국의 교회성장학이 한데 어우러져 한국교회의 급성장과 대형화를 가져왔다. 결국, 이런 급속한 경제성장과 기복주의, 교회의 대형화는 한국교회와 자본주의 간의 유착관계를 더욱 단단히 결속시키되, 내용과 질 면에서, 막스 베버가 말한 "천민자본주의"적 속성을 드러내고 말았다.[110]

한국교회의 천민자본주의적 특성에 대해 경상대의 백종국 교수는 사제주의, 물량주의, 반지성주의를 주요 특징으로 지적했다. 그가 말한 바로는, 사제주의의 구체적 증거로, 목사들이 세속적 복을 빌어주는 무당으로 간주하는 현상, 대형교회 담임 목사직의 세습 현상, 기독교 총회의 금권선거 등을 들었다. 물량주의의 경우, 성장에 대한 과욕으로 신유, 방언, 교회건축을 수단화하고, 교회재정사용내용에서 경상비

---

109) 김흥수, 『한국전쟁과 기복신앙 확산연구』를 참조하시오.
110) 이원규, 『한국교회 어디로 가고 있나』, 256-75.

와 건축비에 과다 투자하여 선교비와 구제비는 거의 전혀 없는 수준으로 위축되고 있으며, 교회에서 재직들을 임명하는 과정에서 무리한 헌금을 요구하는 사례 등을 증거로 꼽았다. 끝으로, 반지성주의 사례로는 한국교회가 지나치게 근본주의 신학과 성령운동에 영향을 받아, 교회의 세속화와 신비주의화에 대한 맹목적 추종을 정당화했다고 지적했다.[111]

이런 한국 개신교회의 천민자본주의적 특성은 황호찬 교수가 한국경제와 한국교회의 유사점을 비교한 다음의 도표에서 명확히 드러난다.

	한국경제	한국교회
발전주체	재벌중심	대형교회중심
재무구조	차입경영 고정자산의 과대투자	차입경영 건물증축, 건물유지비증대
발전모형	외형중심	외형중심
핵심문제	기술낙후, software 낙후 고비용/저효율	내실부족, software 낙후 인건비 과다지출
상호협조	기업간 과다경쟁	교단간 과다경쟁, 개교회중심
효율성	중복투자로 비효율성	중복사업으로 비효율성
자립도	중소기업의 미자립	중소교회의 미자립

〈황호찬, "IMF와 한국교회의 대응방안," 『복음과 상황』, 1998년 2월〉

---

111) 백종국, "한국의 천민자본주의와 기독교," 『한국교회와 정치윤리』, 이상원 편저 (서울: SFC 출판부, 2002), 218-26.

이런 지적들 외에도, 한국교회의 자본주의화 현상에 대한 비판과 우려의 목소리가 교계의 다양한 영역에서 공통으로 들려오고 있다. 예를 들면, 숭실대의 장진경 교수는 "교파 중심으로 교회의 양적 성장에 매진해 한국 경제의 급속한 성장과 함께 한국사회 지배계급의 다수를 차지한 개신교회가 한국사회에 만연한 물신숭배 사상에 기여했다는 책임을 피할 수는 없다"고 지적했다.[112] 감신대의 이덕주 교수는 한국교회를 역사적으로 평가하는 자리에서, "천민자본주의와 결탁한 기독교 신앙"이 한국사회에 부정적 영향을 끼쳤으며, "(한국교회가) 자본주의와 맺었던 일방적 밀월관계를 재점검할 필요가 있다"고 지적했다. 그는 "이기적이고 탐욕스런 자본주의가 아닌 건강한 자본주의로서 '기독교 자본주의'를 수립하는 것과 함께 폭력적이고 기계적인 공산주의가 아닌 인간적 사회주의로서 '기독교 사회주의'를 함께 모색할 필요가 있다"고 조심스럽게 대안을 제시했다.[113] 한편, 최근에 기독교 신자가 된 이어령 교수도 "오늘날 교회가 돌로 빵을 만들

---

112) 김진영, "한국교회 내 무속성은 양적 성장만 매진한 책임," 『크리스천투데이』 (2010년 2월 8일).
113) 김진영, "한국교회사 평가: 한 말엔 A-, 해방 직후엔 F," 『크리스천투데이』 (2010년 2월 18일).

려고 하진 않는지 돌아봐야 한다. 교회는 빵을 만드는 곳이 아니다"라고 교회와 자본주의의 밀착된 모습을 비판하면서, "교회는 자본주의보다 더 큰 것을 생산해야 한다. 그것이 곧 생명자본주의다"라고 충고했다.[114]

현재 한국교회는 세계에서 가장 큰 교회들을 보유하고, 미국 다음으로 많은 선교사를 국외에 파송하며, 매년 엄청난 비용을 들여 많은 청년을 "단기선교"란 명목하에 선교지에 보내고 있다. 그뿐만 아니라 이전 정권의 대북지원과 분배 중심의 경제정책을 좌파적이라고 맹렬히 비난했고, 사학법 개정을 둘러싸고 정부와 생사의 싸움을 벌이기도 했다. 이 모든 현상은 한국 개신교가 얼마나 자본주의적 환경에 탁월하게 적응했으며, 불행히도 천민자본주의적 징후(상업적 행위를 통한 이윤추구, 정치적 종교적 제도화를 통한 독점구조 강화, 독점적 사회계층 추구)마저 노출하고 있는지에 대한 명백한 증거들이다. 미국의 대표적 근본주의자인 팻 로버트슨이 자국의 이익에 집착하여, 제3세계 원조를 강력히 비판하고, 미국의 사회복지제도를 공산주의 잔재로 부정하며,

---

114) 김진영, "이어령 박사 '교회가 심판 너무 많이 한다,'"『크리스천투데이』(2010년 5월 6일).

미국 위주의 제국주의적 경제구조를 영구화하려던 독선적 모습이 한국교회 여기저기서 발견되는 것 같아 마음이 어둡다.[115] 우리는 자본주의를 부정할 수 없다. 자본주의가 수많은 문제를 지니고 있어도, 자본주의를 포기하고 북한식 공산주의를 선택할 수 없다. 그렇다고 교회가 자본주의를 맹신하거나 배타적으로 옹호해서도 안 된다. 돈이 일만 악의 뿌리라는 성경의 준엄한 가르침을 기억한다면, 자본주의의 사상적 배경인 적자생존의 원리가 얼마나 반 성경적 사고방식인지 알고 있다면, 한국교회는 자본주의가 더 인간적이고 성경에서 말하는 방식으로 진보할 수 있도록, 뱀처럼 지혜롭고 비둘기처럼 순결하게 반응해야 할 것이다.

---

115) 팻 로버트슨의 근본주의 신학이 그의 윤리와 정치사상에 미친 영향에 대해선, 배덕만, "오순절-은사주의 운동의 새로운 한 모형: 팻 로버슨(Pat Robertson)을 중심으로," 『역사신학논총』 제9집 (2005): 88-110을 참조하시오.

결론

교회에서 맘몬을 축출하고, 성령의 전으로 환골탈태하는 것, 현재 근본주의적 교회들이 당면한 가장 어려운 과제다.

결론

 한국의 개신교 근본주의는 미국 선교사들을 통해 한국에 이식되었고, 자유주의 신학에 대한 본능적 경계심, 부흥운동의 제도적 발전, 공산주의와의 부정적 역사경험, 군부독재와 한국형 자본주의와의 밀월관계 등을 통해, 토착화의 과정을 거쳐 오늘에 이르렀다. 그 결과, 교단의 신학적 배경과 유산의 차이에도, 한국 개신교 전반에 근본주의적 요소가 강하게 자리 잡고 영향력을 행사하고 있다. 즉, 한국의 개신교 근본주의는 신학적 유산을 미국에서 물려받았으나, 내용과 표현은 한국사회와 교회의 독특한 역사적 경험을 통해 변형·발전 되어 온 것이다. 위에서 언급했듯이, 신학적 측면에선 성서무오설, 세대주의적 전천년설, 그리고 다른 종교와 진화론에 대한 배타적 태도 등의 특징을 보이면서, 한국 개신교 전반에서 그 유산을 뚜렷이 보존하고 있다. 윤리적 차원에선 금주금연, 동성애 반대, 성과 결혼에 대한 엄격한 기준, 여성에 대한 차별의식 등을 통해, 근본주의의 전통적·보수적 윤리의식이 고수되고 있다. 한편, 근본주의는 정치와 경제 영역에서도 자신의 존재를 강력히 표출하고 있다. 정치적으로 반공주의를 축으로 친정부적 혹은 반정부적 태도를 명확히 취해 왔으며, 최근에 한기총과 뉴라이트 그룹을 중심으로 다양한 사회적 이슈에 대해 보수적 견해를 천명하며 참여해 왔다. 지난 2007년 대선에서는 이명박 후보를 공개적으로 지지함으로써, 한국 정치의 막강한 배후세력으로 등장했다. 경제적으로는 해방 이후 줄기차게 친 자본주의적 태도를 견지해 왔으며, 한국전쟁과 이후 개발시대를 거치면서 왜곡된 형태의 자본주의 문화에 적극적으로 적응해 왔다. 그 결과, 기복주의, 물질주의, 성장주의, 독점주의 등 천민자본주의적 행태마저 노출하게 되었다.

이제 결론적으로, 이런 한국 개신교의 근본주의적 속성에 대한 몇 가지 비판적 제언을 제기함으로써 글을 마무리하고자 한다. 먼저, 신학적 차원에서 한국 개신교는 성경에 대한 자신의 존경과 신뢰의 전통은 계속 유지하되, 변화된 교회와 신학의 환경들을 정직하게 직시하고, 더욱 신중하고 책임 있는 신학활동에 적극적으로 참여해야 한다. 현재 우리 앞에는 포스트 모더니즘에 의한 독점적 권위 해체, 강력한 성령운동을 통한 새로운 종교문화 출현, 전통적 가족 개념과 윤리의 붕괴, 냉전의 해체와 글로벌주의, 문화적·종교적 다원화 현상, 자연과학의 발전과 환경문제 등, 단지 성경에 대한 평면적 독서, 문자적 해석, 그리고 교조적 반응으로 풀 수 없는 난제들이 산재해 있다. 이런 맥락에서 성서, 역사, 타종교, 과학과 문화에 대해 종전의 전통적 입장을 배타적으로 강요하거나 반복하는 것은 학문적으로 바람직하지 않으며, 윤리적으로도 부적절하다. 따라서 근본주의 진영은 변화된 상황에 대한 정직한 인식과 판단을 근거로, 다양하고 급박한 신학적 난제들을 보다 개방적이고 책임 있는 태도로 연구하고 대화하며 대안을 제시하도록 노력해야 한다.

둘째, 윤리적 차원에서 한국 개신교는 근본주의 한계를 겸허하게 반성하고, 진정한 윤리세력으로 거듭나야 한다. 주초 문제, 성과 결혼 문제, 동성애와 여성의 권리 면에서 이들의 입장이 종전과 비교해서 상당한 정도로 진보해 온 것은 사실이다. 하지만, 원칙과 적용 면에서 전통적 입장을 여전히 고수하는 것도 엄연한 현실이요 명백한 사실이다. 원론적으로 필자는 이런 보수적 윤리가 한국 사회와 교회에 끼친 긍정적 영향을 대단히 높이 평가한다. 전통적 가치관이 무너지면서 문화적 아노미 상황에 빠진 현재의 한국사회에서 윤리적 기준을 엄격히 제시하는 목소리가 반드시 필요하다. 이런 차원에서 그동안 한국 개신교의 근본주의 진영은 이런 역할을 탁월하게 수행해 왔다. 그러나 원칙을 제시하는 것과 책임적 모범이 되는 것은 다른 문제다. 현재 한국교회가 다양한 차원에서 위기의식을 느끼고 또 비판의 대상이 되는 중요한 이유 중 하나는 교회가 제시한 윤리적 규범과 교회에서 터져 나오는 각종 스캔들 간의 부조화 현상 때문이다. 교회에서 금주 금연을 강조하지만, 현실적으로 상당수의 그리스도인이 암암리에 흡연과 음주를 즐기고 있음은 공공연한 사실이다. 동시에 교회 목회자들을 중심으로 불거져 나오는 각종 스캔들, 신자와 불신자 사이에 이혼율과 낙태율의 차이가 없다는 부끄러운 현실 등은 정작 그들이 제시하고 보존하려는 윤리적 가르침을 스스로 붕괴시키는 암적 요소로 작용하고 있다. 이런 면에서 "남의 눈에 있는 티끌"을 지적하기 전, "자기 눈에 있는 들보"를 먼저 꺼내는 도덕적 반성과 결단이 선행되어야 할 것이다.

셋째, 정치적 차원에서 한국의 보수적 개신교는 특정 이념의 맹목적 지지세력이란 배타적 자리에서 내려옴과 동시에 불같이 타오른 정치적 욕망의 덫에서 빠져나와, 교회에 맡긴 본래의 자리, 즉 한국사회를 향한 비판적 예언자의 자리로 속히 복귀해야 한다. 그동안 한국교회가 반공주의를 토대로 친 자본주의적, 친미적, 그리고 친기업적 정치세력으로 기능을 해 온 것은 역사적으로 충분히 이해할 수 있다. 교회가 겪었던 공산주의에 대한 부정적 역사경험 때문에, 성서를 객관적으로 읽을 수 없었고, 사회와 교회를 향해 포괄적이고 총체적인 해법을 제시할 수 없었다. 결국, 한국 개신교는 지난 50여 년간 일반적 보수세력과 결합하여, 진보정권에 대한 가장 강력한 저항세력으로, 동시에 보수정치권에 대한 가장 충성스러운 지원세력으로 막강한 힘을 과시해 왔다. 그러나 이런 현상은 한국의 역사발전에 심각한 걸림돌이요, 반드시 극복해야 할 민족적·신앙적 트라우마다. 어떤 의미에서도, 한반도의 평화와 통일은 분리되어 생각될 수 없으며, 이런 점에서 북한정권에 대한 뿌리깊은 적대감과 반공주의는 성서에 따른 차원에서, 예수 그리스도의 시각에서 진지한 재조명 혹은 재평가 작업이 이루어져야 한다. 동시에, 온갖 이유와 근거 속에 분열된 이 민족을 위해 교회가 특정 이념의 파수꾼이나 특정 세력의 친위대로 몰려다니기보다는, 신뢰할 수 있는 제사장과 통찰력 있는 예언자의 사명을 충실히 감당하기 위해 현실 정치와 일정한 거리를 유지해야 한다. 이를 통해 교회가 '분열과 갈등의 촉매'라는 오명을 떨쳐버리고, '통합과 상생의 매체'로 기능을 하도록, 교회 본연의 자리, 즉 '그리스도와 십자가, 그리고 복음'의 자리로 돌아가야 한다.

끝으로, 경제적 차원에서 한국 개신교회는 한국사회와 교회에 만연한 타락한 자본주의를 극복하기 위해, 예수 그리스도와 초대교회의 정신을 회복해야 한다. 성경은 부자가 천국에 들어가는 것이 낙타가 바늘구멍을 통과하기보다 어렵다고 경고했다. 하나님과 재물을 겸하여 섬길 수 없으며, 돈이 일만 악의 뿌리라는 성서의 엄중한 가르침을 모르는 신자도 없다. 오병이어의 기적이 한 꼬마가 이웃들을 위해 포기한 작은 도시락에서 기원했고, 거지 나사로를 돌보지 않았던 부자가 지옥에 갔다는 이야기는 복음서가 우리에게 들려주는 하늘의 진리다. 성령강림을 통해 형성된 초대교회에서 신자들은 함께 떡을 떼고, 물건을 통용했다. 이것이 바로 우리가 꿈꾸는 초대교회의 실체가 아니던가! 그러나 그동안 한국의 근본주의적 기독교는 성장신화 속에 부익부 빈익빈 현상을 강화해 온 한국형 자본주의 체제에 무비판적 지지와 맹목적 정당화를 충실하게 제공해 왔다. 소외받는 노동자보다는 자본가의 입장을 배타적으로 옹호하고, 연약한 중소기업보다는 공룡 같은 대기업에 러브콜을 보내왔다. 분배보다는 성장에 손을 들어주었으며, 나눔과 섬김보다는 성장과 확장에 몰두해 왔다. 그 결과, 한국사회에 천민자본주의가 고개를 들고, 교회는 그 체제의 탁월한 수혜자로 풍요로운 혜택을 누려 왔다. 하지만, 한국 교회가 천민자본주의 나무에서 따 먹은 열매는 생명의 과일이 아닌, 금지된 선악과다. 교회의 모든 전통, 신학, 그리고 목회 전반이 기복, 배금, 성장, 대형, 일등이란 마법에 걸려, 그리스도도 십자가도 그리고 복음도 빛을 잃고 있다. 한국 교회가 이 문제를 지금 당장, 그리고 스스로 해결하지 않는다면, 즉, 교회 내에서 장사꾼들과 환전상들을 단호하게 쫓아내지 않는다면, 재림한 주께서 그들을 향해 분노를 폭발하시고 거칠게 그들을 쫓아내실 것이다. 그들이 지은 거대한 성전을 다시 허물고, 당신의 몸으로 "만민이 기도하는 집"을 다시 지으실 것이다. 교회에서 맘몬을 축출하고, 성령의 전으로 환골탈태하는 것, 현재 근본주의적 교회들이 당면한 가장 어려운 과제다.